Everyday Sentences

In Spoken English, in Phonetic transcription with Intonation Marks (For the use of Foreign Students)

Harold E. Palmer

Alpha Editions

This edition published in 2020

ISBN : 9789390382323 (Hardback)
ISBN : 9789354150760 (Paperback)

Design and Setting By
Alpha Editions
www.alphaedis.com
email - alphaedis@gmail.com

As per information held with us this book is in Public Domain. This book is a reproduction of an important historical work. Alpha Editions uses the best technology to reproduce historical work in the same manner it was first published to preserve its original nature. Any marks or number seen are left intentionally to preserve its true form.

EVERYDAY SENTENCES IN
SPOKEN ENGLISH.

LONDON AGENTS:
SIMPKIN, MARSHALL, HAMILTON, KENT & Co LTD.

DEDICATED TO
Mr. HEDLEY V. STOREY,
FOUNDER OF THE PUBLICATION CALLED
"ENGLISH"
AND OF THE ASSOCIATION CALLED
"THE ENGLISH LANGUAGE CLUB."

PRINTED IN ENGLAND BY
W. HEFFER & SONS LTD. CAMBRIDGE.

Preface.

When the foreign student of English first comes to England he realizes, as perhaps he has never realized before, the difference between possessing a theoretical knowledge of the language and possessing the capacity for using the language in everyday speech. Hitherto he may have looked upon his work either as an interesting linguistic study or as a tedious but necessary preliminary to the passing of some dreaded examination. He is perhaps able to decipher an English text with tolerable accuracy; he is more or less able to translate into classical English the conventional sentences which form the "exercises" contained in his "English Course"; the range of his vocabulary and the extent of his knowledge of classical grammar are such as have enabled him to gain sufficient marks to pass some examination. He may even have paid some attention to the "conversational" side, and have satisfied his teacher as to his capacities for giving oral answers to the set questions contained in his text-book.

But on his arrival in England he finds that his relation towards the language has necessarily changed. English is no longer either an abhorred school-subject nor a fascinating literary hobby; it has now become the medium of communication between himself and the people by whom he is surrounded. His personal comfort depends on his being able to understand and to speak the English of daily converse. Unless he can express his wants, his wants will not be attended to. If he is not able to communicate readily and intelligibly with the policeman, the shopkeeper, the landlady, and his English acquaintances, he will find himself involved in misunderstandings and at cross purposes with the people who constitute his environment.

He will find that his pronunciation differs so much from that of native speakers that there may be mutual unintelligibility. The English sentences that he constructs so ingeniously and laboriously may result in stares of wonderment; the English sentences that he hears result in bewilderment; and often he concludes that the English do not know how to use their own language.

If he is well advised, and if he is fortunate enough to get into touch with the right teachers, his phonetic defects may soon be remedied, and he will learn how to recognize and how to make the sounds and the tones of which the spoken language is composed. He will soon learn that his own native phonetic system is of no more use in England than his own native monetary system; in both cases he must use the currency of the country.

Sooner or later another fact will also become impressed on his mind; namely, that he must use the same sort of English sentences as those which are used in England. Before this truth has been fully revealed to him he may have imagined strange things. He will, of course, have recognized that English speech is not merely a word-for-word equivalent of his own speech. If French, he will realize that "I should will well to follow one course from English" is not the way to say "Je voudrais bien suivre un cours d'anglais." He will already be aware that French proverbs cannot be rendered into English by applying the ordinary rules of translation. He will already have been put on his guard against those mysterious things called "idioms," and will have been told that they mean "expressions which can neither be explained nor translated." It is, after all, only the comic Frenchman of the English novel or play who says "How you carry you?" or "There is not of what."

But while fully recognizing the existence of "idioms" he

PREFACE

will still assume that the vast bulk of English sentences (including those used in everyday speech) are more or less literal equivalents of his own. For the last twenty years I have been correcting the compositions of foreign students of English, and noting (sometimes with amusement, sometimes with amazement) the results of this assumption.[1] The student forms sentences in his own language and translates them into English and, provided there are no serious mistakes in grammar or vocabulary, sees no reason why the resultant sentences should not be perfect.

I frequently use the following test in my classes. I say: "Imagine yourself in a given situation; imagine, for instance, that having made an appointment with somebody, you arrive ten minutes late. Now write down a few of the things which you might say in such circumstances." In the great majority of cases the students write sentences which no English-speaking person would ever use.[2] And yet, in many cases, there are no actual violations of English grammar. I then say: "You have *invented* these sentences. You have either translated them or have evolved them out of your inner consciousness. You have strung a lot of words together in the hope that the sentence will be intelligible. But you have not asked yourselves whether these are sentences which you have actually heard fall from the lips of native speakers."

Sooner or later the foreign student begins to realize that genuine English sentences cannot be evolved out of his inner consciousness, and that the process of translation from his mother-tongue rarely produces anything but pidgin-English

---

[1] For some characteristic and authentic specimens of foreigners' English see "Essays in English of Ultima Thule." (Heffer, 1s.)

[2] Examples. Excuse me that I arrive too late. I regret that I have made you wait. Will you please forgive my latecoming. I think that you expect me since ten minutes.

(*i.e.* any dialect of English which is used exclusively by foreigners). He discovers, in short, that nine-tenths of English speech is "idiomatic." He concludes, and rightly, that he must adopt an entirely different plan; that he must observe exactly what English people do actually say; that he must make mental or written notes and then, on the first suitable occasion, use these identical expressions himself. From this moment onwards his speech begins to improve.

Some students experience a certain amount of difficulty in observing and retaining. They have not formed the observation habit. They may live in an English environment and hear English spoken around them at every moment, but until they have disciplined themselves to observe and to note exactly what they hear, they persist in inventing sentences by some strange synthetic process—and continue to talk "pidgin."

For various reasons it is not always advisable for the student at the outset to make his own collection or selection of models. In the first place he may have limited opportunities for observation. In the second place he cannot always be expected to select, from the thousands of expressions he may hear, the most useful or most characteristic models. He is unable to distinguish the English of normal conversation from slangy, trivial, vulgar, pedantic, or bookish English. He will gain little help from his English friends, for many of them feel it their duty to teach him "better" English than that represented by their own normal and educated speech,[1] while others delight in coaching him in

---

[1] This is the sort of advice which my foreign students report to me: "Don't say *don't*; say *do not*; *don't* is a vulgar expression." "Never use a preposition to finish a sentence with." "You should say *whom* not *who* when it isn't subject; I don't know who you learn your English from."

PREFACE ix

those racy and familiar expressions which sound so offensive when used by those whose command of the language is not perfect.

Again, given the most appropriate models, the foreign student is rarely able to transcribe faithfully in phonetic characters what he *does* hear, and without an exact phonetic (and even tonetic) transcription, the student will rarely be able to reproduce with any success what he has observed.

But authentic models the student *must* have; they form part of his elementary equipment. This book is intended to supply him with a characteristic selection of those sentences which are likely to be of the greatest use to him in the first stages of his study of Spoken English. He may safely use as many of these sentences as he is able to memorize, for, to the best of my knowledge and belief they are representative of the ordinary everyday speech of educated persons in England. I make no claim that this is the classical English of the grammar-books, that it is the "best" English, or even "correct" English. I merely state that it is the sort of English which I actually hear used in ordinary conversation by those whose speech is generally considered beyond criticism.

The pronunciation is in general conformity with that given in Professor Jones' *English Pronouncing Dictionary*.

The phonetic transcription is that of the International Phonetic Association.

The "tonetic" symbols are those I have explained and used in my *English Intonation* and *A Grammar of Spoken English*. I am aware that each sentence may be intoned in a number of different ways according to the exact shade of meaning that the speaker wishes to convey, but I have selected in each case that intonation which I think to be the most appropriate and characteristic.

Contents.

	PAGE
PREFACE	v
PHONETIC SYMBOLS	xiii

PART I.

EASY LACONIC EXPRESSIONS 1

PART II.

TYPICAL EVERYDAY SENTENCES 7

PART III.

METHODS OF EXPRESSION 23

PART IV.

TABLES BY WHICH THE STUDENT MAY COMPOSE MANY THOUSANDS OF SIMPLE AND CURRENT ENGLISH SENTENCES 51

Phonetic Symbols.

The phonetic transcription used is that of the International Phonetic Association, in its simplified or "broad" form.

Key words are not required for: p, b, t, d, k, m, n, l, r, f, v, s, z, h, w. The remaining phones are:

Consonants.

g	*g*ive.	ʒ	mea*s*ure.
ŋ	lo*ng*.	j	*y*es.
θ	*th*in.	tʃ	*ch*in.
ð	*th*en.	dʒ	*j*am.
ʃ	*sh*ip.		

Vowels.

iː	s*ee*.	u	p*u*t.
i	*i*t.	uː	t*oo*.
e	g*e*t.	ʌ	*u*p.
æ	c*a*t.	əː	b*i*rd.
ɑː	f*a*ther.	ə	chi*n*a, c*a*thedral.
ɔ	h*o*t.		
ɔː	s*aw*.		

Diphthongs.

ei	d*ay*.	iə	h*ere*.
ou	g*o*.	ɛə	th*ere*.
ai	f*ly*.	ɔə	f*our*.
au	h*ow*.	uə	t*our*.
ɔi	b*oy*.		

[ː] The length mark.

For the value of the Intonation marks see *English Intonation* (same Author and Publishers).

Part I.

EASY LACONIC EXPRESSIONS.

From the point of view of the beginner, the easiest foreign expressions are those composed of not more than three or four words. The following collection has been selected from those which most frequently occur in everyday speech. With these the student should hardly ever be at a loss for an appropriate response in a conversation, provided that he understands the general drift of what is being said to him.

Answers and Responses Expressing Assent, Dissent, Doubt, etc.

\jes, ⸝jes, ⸌jes.
\nou, ⸝nou, ⸌nou.
\ou, ⸝ou.
‾ou \jes.
‾ou \nou.
\m, ⸝m, ⸌m.
\fkɔːs *or* əf \kɔːs.
\fkɔːs nɔt *or* əf \kɔːs nɔt.
bai \ɔːl miːnz.
bai \nou miːnz.
dʒʌst \sou, ‾dʒʌst ⸌sou.
kwait \sou.
ig\zæktli.
ðæt s \truː.
ðæt s kwait \truː

præps ˋsou.
præps ˋnɔt.
ai dɛə ˋsei, ai dɛə ˊsei.
veri ˋlaikli, veri ˊlaikli.
ˋsəːtnli, ˊsəːtnli.
veri ˋwel, ⌐veri ⌣wel.
⌐ɔːl ⌣rait.
⌐rait⌣hou! (*rather familiar*).
⌐ðæt s ⌣rait.
⌐ðæt s ⌣it.
‿ai ˊθiŋk sou, ai ᵕθiŋk sou.
‿ai dount ˊθiŋk sou, ⌐ai dount ᵕθiŋk sou.
‿æz juˈ ˊlaik, ⌐æz juˈ ⌣laik.
‿if juˈ ˊlaik, ⌐if juˈ ⌣laik, ⌐if juˈ ᵕlaik.
ˋou ai ˋsiː.
ˋjes ai ˋsiː.
⌐nɔt ⌣jet, ⌐nɔt ᵕjet.
⌐nɔt əˋtɔːl.
⌐nɔt in ðə ˋliːst.

COMMENTS, SHORT STATEMENTS, ANSWERS OTHER THAN MERE EXPRESSIONS OF ASSENT, DISSENT AND DOUBT.

ˋðis wʌn.	⌐nɔt ᵕðis wʌn.	ᵕhɑːdli.
ˋðæt wʌn.	⌐nɔt ᵕðæt wʌn.	ᵕskɛəsli.
ˋðis wei.	⌐nɔt ᵕðis wei.	ˋhiər it iz.
ˋðæt wei.	⌐nɔt ᵕðæt wei.	ˋðɛər it iz.
laik ˋðis.	⌐nɔt laik ᵕðis.	⌐veri ˋnais.
laik ˋðæt.	⌐nɔt laik ᵕðæt.	⌐nɔt ˋbæd.
ˋðiːz.	⌐nɔt ᵕðiːz.	⌐ðæt l ⌣duː.
ˋðouz.	⌐nɔt ᵕðouz.	⌐ðæt wount ˋduː.
ˋmain.	⌐nɔt ᵕmain.	⌐ðæt s ⌣betə.
ˋjɔːz.	⌐nɔt ᵕjɔːz.	⌐ðæt s ə⌣nʌf.

EASY LACONIC EXPRESSIONS

ˎwʌn.   ˉnɔt ˷wʌn.   ˉɔn ðə ˎleft.
ˎtuː.   ˉnɔt ˷tuː.   ˉɔn ðə ˎrait.
ˎhiə.   ˉnɔt ˷hiə.   ˉstreit ˎɔn.
ˎðɛə.   ˉnɔt ˷ðɛə.   ai m ˉveri ˎpliːzd.
ˎnau.   ˉnɔt ˷nau.   ai m ˉveri ˎglæd.
ət ˎwʌns. ˉnɔt ət ˷wʌns.   ˉnevə ˎmaind.
ˎevriθiŋ.   ˉnɔt ˷evriθiŋ.   ˉit dʌznt ˎmætə.
ˎevribɔdi. ˉnɔt ˷evribɔdi. it s ˉnou ˎgud.
ˎevriwʌn.   ˉnɔt ˷evriwʌn. it s ˉnou ˎjuːs.
ˎevriwɛə.   ˉnɔt ˷evriwɛə. ˉit s nou ˎtrʌbl.
ˎnʌθiŋ.   ai ˉdount ˎnou.
ˎnoubədi.   ai ˉdount ʌndəˎstænd.
ˎnouwʌn.   ˷ai dount kɛə.
ˎnouwɛə.   ˷ai dount maind.
ˎnevə.   ai m ˎjusˈt tuˈ it.
˷niəli.   ˉðæt s ˎɔːl.
˷ɔːlmoust.

Special Questions.

(Questions containing an interrogative word.)

ˎwɔt?   ˊwɔt?   ˉhau ˎlɔŋ?
ˎhuː?   ˉwɔt ˎfɔː?
ˉwitʃ ˎwʌn?   ˉwitʃ ˎwei?
ˎhuːz?   ˉhuː ˎfɔː?
ˎwɛə?   ət ˉwɔt ˎtaim?
ˎwen?   ɔn ˉwɔt ˎdei?
ˎwai?   in ˉwɔt ˎmʌnθ?
ˎhau?   in ˉwɔt ˎjəː?
ˉhau ˎmʌtʃ?   ˉwɛərəˎbauts.
ˉhau ˎmeni?   ˉwɔt s ðə ˎtaim?
ˉhau ˎfɑː?   ˊwɔt did juˈ sei?

EVERYDAY SENTENCES

GENERAL QUESTIONS.

(Questions requiring merely YES *or* NO *as answers.)*

⌿jes?
⌿nou?
⎺ɔːl ⌿rait?
⌿redi?
⌿taim?
⎺gouiŋ ⌿aut?

⌿eniθiŋ?
⌿ðis wʌn?
⌿ðæt wʌn?
⌿ðis wei?
Etc., etc. See p. 2.

COMMANDS.

⧵luk. ⎺dount ⌄luk, ⎺dount ⧵luk.
⎺luk ⧵hiə.
⧵lisn.
⎺lisn tə ⧵miː.
⧵weit. ⎺dount ⌄weit, ⎺dount ⧵weit.
⧵stɔp. ⎺dount ⌄stɔp, ⎺dount ⧵stɔp.
⌿maind! ⧵maind!
⎺teik ⌄kɛə! ⎺teik ⧵kɛə!
⎺kʌm ⌿in, ⎺kʌm ⌄in!
⎺gou ⌿in, ⎺gou ⌄in!
⎺kʌm ə⌄lɔŋ.
ə⧵gein, ⎯ə⌄gein.
⎺wʌns ə⧵gein, ⎺wʌns ə⌄gein.
ə⧵nʌðə, ⎯ə⌄nʌðə.
sə⧵mɔə, ⎯sə⌄mɔə.
⧵nau.
⎺biː ⧵kwaiət.
⎺meik ⌄heist.
⎺luk ⌄ʃɑːp.
⎺fɔlou ⧵miː, ⎺fɔlou ⌄miː.

EASY LACONIC EXPRESSIONS

⁻sit ˎdaun, ⁻sit ˏdaun.
⁻get ˎʌp, ⁻get ˏʌp.
⁻gou ˏɔn.
ˎdount.

EXCLAMATIONS.

ˊou!
⁻ou ˊdiə! ⁻ou ˎdiə!
⁻diə ˊmiː! ⁻diə ˎmiː!
ˎgudnis!
ˎgreiʃəs!
⁻gudnis ˎgreiʃəs!
⁻ou ˎlɔːd!
⁻gud ˎlɔːd!
⁻ou ˎbɔðə!
⁻wel ai ˎnevə!
ˊfænsi!

⁻ŋou ˎfiə!
ˎnɔnsəns!
⁻ou ˎnɔnsəns!
⁻hau ˊnais!
⁻hau ˎstreindʒ!
⁻wɔt ə ˎpiti!
ˊwɔt!
⁻wel, wel, ˎwel!
⁻bles mai ˎsoul!
⁻hʌˊlou!

GREETINGS, POLITE EXPRESSIONS, ETC.

⁻hʌˊlou!
⁻hau ˎɑː juˑ?
(*when meeting*) gud ˎmɔːniŋ, ˏgud ˊmɔːniŋ.
  ,,   ,, gud ɑːftəˎnuːn, ˏgud ɑːftəˊnuːn.
  ,,   ,, gud ˎiːvniŋ, ˏgud ˊiːvniŋ.
(*when parting*) ⁻gud ˏmɔːniŋ.
  ,,   ,, ⁻gud ɑːftəˏnuːn.
  ,,   ,, ⁻gud ˏiːvniŋ.
⁻gud ˏnait.
⁻gud ˏbai.
⁻siː juˑ təˏmɔrou.

EVERYDAY SENTENCES

ˌθæŋk juˑ, ˌθæŋk juˑ, ˋθæŋk juˑ.
ˉou ˋθæŋk juˑ.
ˉθæŋk juˑ veri ˎmʌtʃ.
ˋθæŋks.
ˉou ˎθæŋks.
ˋθæŋks ˋsou ˏmʌtʃ.
ˉmʌtʃ əˎblaidʒd.
it s ˉveri ˎkaind ɔv juˑ.
ˏsɔri.
_ai m ˏsɔri.
ikˉskjuːz ˌmiː.
əˋlau miː.
wið ˋpleʒə.
ˉhau də juˑ ˎduː.

Part II.

TYPICAL EVERYDAY SENTENCES.

THE first few weeks of one's residence in a foreign country may be termed "the period of dumbness." It is marked by an inability to say anything beyond easy laconic expressions and halting "pidgin" sentences composed laboriously on the spur of the moment. It is the period of helplessness and embarrassment. One feels indeed as helpless as a young child and far more embarrassed, for the young child is not expected to make any conversational efforts, and his wants are generally anticipated and provided for. From the linguistic point of view too, it is a dangerous period, for during his first few weeks abroad the student lays the foundation of his future speech habits. Compelled to express himself as best he can, he creates a jargon of his own by means of which he may just succeed in making himself understood. Having found the line of least resistance he proceeds to form the "jargon" or "pidgin" habit.

This point is important enough to warrant a concrete example. A few days after his arrival, the foreign student finds it necessary to fix up an appointment with somebody, and so he racks his memory to find a few words which seem to him appropriate to the occasion; he strings these together and says: "To-day in the evening you are occupied yes?"[1] He succeeds in making himself understood, and makes a mental note of the fact that his sentence was intelligible.

[1] This will probably be pronounced as: "Toddeh ... in ... zee. . evveneeng .... you .... arre .... a cupid, ... yass?"

A few days later he finds himself in a similar situation, and has recourse to the same sentence. On this occasion he produces it with less effort; and after three or more repetitions he has perfectly memorized this atrocious specimen of pidgin-English.

Now the right procedure would have been to memorize in advance a real English equivalent. (E.g. Do you happen to be free this evening?[2]) "What?" exclaims the reader, "Memorize twenty million sentences in order to provide for twenty million contingencies?" Needless to say, I do not advocate any such impossible procedure; in its place I recommend the following rational and particularly simple scheme.

In the course of our daily life we are confronted with situations requiring speech. Some of these situations are of frequent occurrence; we expect them and can foresee them. We know that in the ordinary course of events we shall find ourselves in a shop with a view to buying something, or we shall require to ask our way, or we shall have to make enquiries at the railway-station, or at the hotel. In our common experience we find ourselves obliged to make haste, or we arrive somewhere rather later than the hour fixed, or we mislay something. A friend comes in from a walk or from the theatre, or we think of going to bed, or of getting up. All these are occasions requiring the exercise of our linguistic powers. If we are strangers in a strange land it is not difficult to draw up a list of the situations which are likely to arise—their number is not very great—and we can prepare ourselves to meet them, by memorizing a few of the set expressions used on such occasions. The object of this part of the present book is to furnish the student with selections of expressions appropriate to some of the most frequently recurring occasions for speech.

[2] See page 20.

TYPICAL EVERYDAY SENTENCES

Enquiring about Apartments.

ai ⁻siː juˑ hæv səm ˎrumz tə let.
⁻hæv juˑ eni ˊrumz tə let?
⁻kəd ai ˊsiː ðəm?
ai ⁻wɔnt ə ˎrum. ai ⁻wɔnt tuː ˎrumz.
ˎjes, ⁻dʒʌst bed ən ˎbrekfəst.
ai ʃl ⁻ounli bi steiiŋ əbaut ə ˊwiːk.
⁻hæv juˑ ə ˊlaːdʒə rum?
ai ⁻wɔnt ə dʌbl ˎbedid rum.
ai ⁻wɔnt ə rum wið tuː siŋgl ˎbedz.
ˎjes, it s fə ˎmiː.
ˎnou, ðər ə ˎtuː ɔv əs.
⁻wɔt s ðə prais bə ðə ˎwiːk?
ðæt s ⁻raːðə mɔː ðən ai wəz θiŋkiŋ əv ˎgiviŋ.
præps juˑ hæv ə les ikˎspensiv rum.
⁻weə z ðə ˎbaːθrum?
dəz ⁻ðis inkluːd ðə juːs əv ðə ˊsitiŋ rum?
dəz ⁻ðis inkluːd əˊtendəns?
⁻də juˑ prəvaid ˊmiːlz?
ˎðis l sjuːt mi ɔːlˊrait.
ai ʃl wɔnt ðə rum təˎdei.
ai ⁻spouz ai kən kʌm in ət ˊwʌns, ˊkaːnt ai?

Buying Something.

ai ⁻wɔnt səm ˎ(name of article).
ai ⁻wɔnt ə ˎ(name of article).
⁻hæv juˑ eni ˊ(name of article).
də ⁻juː sel ˊ(name of article).
wil ⁻juː ʃou mi səm ˊ(name of article).
ai ⁻wɔnt sʌmθiŋ laik ˎðis.

EVERYDAY SENTENCES

ˋnou ⎺ðæt iznt kwait wɔt ai ˋwɔnt.
ai m ˋsɔri bət it ⎺iznt wɔt ai ˋwɔnt.
kən ⎺juˑ ʃou miˑ sʌmθiŋ ʃdifrənt?
⎺hau ˋmʌtʃ iz ðæt?
⎺wɔt s ðə prais əv ˋðæt wʌn?
həv juˑ ⎺eniθiŋ ə litl ʃtʃiːpə?
iz ⎺ðæt ðə seim ʃprais?
ˋnou, ⎺mɔː laik ˋðis.
⎺laik ˋðis, bət ˋlaːdʒə.
⎺laik ðə wʌn juˑ ʃoud miˑ dʒʌst ˋnau, bət ⎺raðə ˋsmɔːlə.
ʃhau mʌtʃ did juˑ sei ðis wɔz?
ai l ⎺teik ˋðis.
⎺ai θiŋk ˋðis wʌn l sjuːt miˑ ʃbest.
ˋnou, ai ˋwount teik ʃðæt wʌn.
⎺hau mʌtʃ iz ðæt ɔːltəˋgeðə pliːz?
ˋðæt s ɔːl ʃθæŋk juˑ.

The Foreign Student Asks for Linguistic Information.

⎺wɔt dəz ˋðæt wəːd miːn?
⎺wɔt s ðə ˋmiːniŋ əv ðæt wəːd?
⎺wɔt dəz [ˋthe unknown word] miːn?
—iz it ə wəːd in kɔmən ʃjuːs?
⎺ɔˑr iz it wʌn əv ðouz wəːdz juˑ ounli juːz wen jɔˑ ˋraitiŋ?
⎺hau də juˑ prəˋnauns it?
⎺sei it əˋgen, ʃwil ju?
⎺sei it əgen tuː ə θriː ˋtaimz, ʃwil ju?
ai ⎺kaːnt kwait kætʃ ðə prənʌnsiˋeiʃn.
⎺kæn juˑ rait it in fənetik ʃkæriktəz fɔˑ miˑ?
⎺wɛə z ðə ˋstres? ˋjuː nou wɔt ai ʃmiːn;
    ɔn ⎺wɔt siləbl dəz ði ˋæksənt fɔːl?

TYPICAL EVERYDAY SENTENCES

―iz ˈðis rait? ˈlisn: [.......]
―hau də juˑ ˌspel it?
―iz ˈðis iksprɛʃn ɔˈfn juːzd?
―iz it juːzd in æktʃul ˈspiːtʃ?
―ɔˈr iz it ounli ə ˌbukiʃ iksprɛʃn?
―hau də juˑ ikspres ˌðis in iŋgliʃ: [.........]
―iz ˈðis iksprɛʃn ɔˈlrait? [.......]
―ɔˈr iz it tuː ˌslæŋi?
―iz ðər eni ˈʌðə wei əv seiiŋ it?
də ―juː riəli juːz ðæt iksprɛʃn jəˈself wen jɔː spiːkiŋ?
ai ―dount wɔnt tə nou wɔt piːpl ˈɔːt tə sei;
    ai ―miəli wɔnt tə nou wɔt piːpl ˌduː sei.
―pliːz dount tiːtʃ miˑ tə sei eniθiŋ juˑ dount sei jəˈself.

STARTING A CONVERSATION WITH A BUSY MAN.

ə ―juː veri ˈbizi?
ə ―juː disiŋˈgeidʒd fər ə moumənt?
ikˈskjuːz miː, bət ―kæn ai ˈspiːk tə juˑ fər ə moumənt?
ai ˈnou jɔˑ veri ˈbizi, bət....
    ....ai ―wɔnt tə ˌspiːk tuˑ juˑ.
    ....ai ʃd ―laik tə ˌspiːk tuˑ juˑ.
―kən juˑ ˈspɛə miˑ ə fjuː minits?
―kən ai ˈtɔːk tuˑ juˑ fər ə fjuː minits?
ai ˈʃaːnt kiːp juˑ ˈlɔŋ.
ai ˈprɔmis nɔt tə kiːp juˑ ˈlɔŋ.
ðə z ―sʌmθiŋ ai wɔnt tu ˌaːsk juˑ.
ðə z ―sʌmθiŋ ai ʃd laik tə ˌspiːk tuˑ juˑ əbaut.
ðə z ə ―raːðər impɔːtnt mætər ai wɔnt tə ˌtɔːk tuˑ juˑ əbaut.
ðə z ə ―litl mætər ai ʃd laik tə hæv jɔˑr ədˈvais əbaut.
if jɔˑ ˈveri bizi nau, ai kn tel juˑ ənʌðə ˈtaim.

Asking the Way.

iz ⟶ðis rait fə ðə ↗steiʃn?
iz ⟶ðis ðə rait wei tə ðə ↗hai striːt?
kən ⟶juː dərekt miˑ tə ðə ↗poust ɔfis?
⟶witʃ iz ðə niərist wei tə ðə ↘siː?
⟶iz ðə steiʃn ↗faː frəm hiə?
⟶hau lɔŋ w*i*l it teik miˑ tə get tə ðə taun ↘hɔːl?
⟶witʃ iz ðə best wei tə ↘get ðɛə?
də ⟶ðiːz træmz rʌn tə ðə sentər ɔv ðə ↗taun?
ai ⟶wɔnt tə get tə ↘maːkit striːt.
kən ⟶juː tel mi wɛə ðə mjuː↗ziəm iz?
⟶iz ðər ə ↗poust ɔfis eniwɛə niə hiə?

At the Station.

⟶θəːd siŋgl ↘bəːmiŋəm.
⟶witʃ ↘plætfɔːm?
iz ⟶ðis ðə rait plætfɔːm fə ðə ↗mæntʃistə trein?
ai ⟶wɔnt ə ↘pɔːtə.
ai v ⟶gɔt səm ↘lʌgidʒ hiə, ⟶in ə ↘tæksi.
ai ⟶wɔnt ðis ↘lʌgidʒ leibld, fə ↘douvə.
⟶wɛə z ðə ↘kloukrum?
⟶duˑ ai hæv tə ↗tʃeindʒ eniwɛə?
iz ⟶ðis ə ↗θruː trein?
⟶iz ðər ə θruː ↗kæridʒ?
⟶wɔt taim z ðə nekst trein fə ↘lestə?
ai ⟶wɔnt tə get tə ↘nɔtiŋəm.
ai ʃl ⟶wɔnt ə ↘tæksi.
iz ⟶ðis siːt iŋ↗geidʒd?
iz ðər ⟶eni ↗rum in ðis kəmpaːtmənt?
⟶hau lɔŋ duˑ ai hæv tə ↘weit?
⟶iz ðər eni ↗ʌðə wei əv getiŋ ðɛə?

TYPICAL EVERYDAY SENTENCES

A Friend has just Returned from the Theatre.

ʃwel, ˌdid juˑ inˈdʒɔi jəself?
did juˑ ˉhæv ə gud ˈtaim?
həv juˑ ˉhæd ə gud ˈtaim?
ˌdid juˑ ˈlaik it?
ˌdid juˑ inˈdʒɔi it?
wə ðə ˉmeni ˈpiːpl ðεə?
ˉhau did juˑ ˋlaik ðə pəfɔːməns?
wəz it ˈgud?
wə ði ˈæktəz gud?
wəz it wel ˈpleid?
ˉwɔz it ə ˈnais piːs?
wəz ðə ˈmjuːzik gud?
də juˑ ˈɔːfn gou tə ðə θiətə?
ˉwɔt sɔːt əv piːs ˋwɔz it?
ˉwɔt sɔːt əv pleiz də juˑ laik ˋbest?
əv juˑ ˉevə biˑn tə ˈkiŋz θiətə?
əv juˑ ˉevə siːn bəːnəd ˈʃɔː æktid?
did juˑ ˉhæv eni trʌbl in getiŋ ˈin?
həd juˑ ˉteikn jɔˑ tikits in ədˈvaːns?

A Friend has just Returned from a Walk.

ʃwel, ˉhau did juˑ indʒɔi jɔˑ ˋwɔːk?
ʃwel, həv juˑ ˉhæd ə nais ˈwɔːk?
də juˑ ˉfiːl ˈbetər aːftər it?
ˉwεə did juˑ ˋgou?
ˉhau faː did juˑ ˋgou?
də juˑ fiːl ˈtaiəd aːftə jɔˑ wɔːk?
juˑ mʌst biˑ fiːliŋ raːðə ˋtaiəd.

did juˑ ⌐wɔːk ɔːl ðəˉ ʃwei?
did juˑ ⌐gou əʃloun?
did juˑ ⌐gou ɔːl bə jəʃself?
did ⌐enibədi gou ʃwið juˑ?
ɦəv juˑ ⌐evə biˑn ðɛə biʃfɔː?
iz ⌐ðis ðə fəːst taim juˑ v (evə) ʃbiˑn ðɛə?
did juˑ ⌐siː eniθiŋ ʃintristiŋ?
ət ⌐wɔt taim did juˑ ⌐get ðɛə?
⌐də juˑ ʃlaik wɔːkiŋ?
__it mʌst əv biˑn raːðə ʃwɔːm. (....ʃkould. ... ʃtaiəriŋ.)

Meals.

ʃwel, ⌐wɔt əbaut hæviŋ sʌmθiŋ tuˑ ⌐iːt?
ˋai m fiːliŋ ˋhʌŋgri.
ai hæd brekfəst raːðər ˋəːli ðəs mɔːniŋ.
⌐də juˑ ʃdʒenrəli hæv lʌntʃ əbaut ðis taim?
⌐wɛə ʃl wi gou fə ⌐lʌntʃ?
ˋai dount ʃnou; ⌐wɛə juˑ ʃlaik; ˋai dount maind.
ət ⌐wɔt taim də juˑ dʒenrəli hæv ⌐brekfəst?
        (....⌐lʌntʃ? ....⌐tiː? ....⌐dinə? ....⌐sʌpə?)
⌐ʃl ai ɔːdə ʃtiː?
⌐⌐iznt it niəli taim fə ʃdinə?
ət ⌐wɔt taim də wiˑ hæv ⌐dinə?
wel, ⌐let s hæv dinə raːðər ⌐əːli, ən ⌐get it ⌐ouvə.
ðæt l giv əs plenti əv taim tə ˋgou sʌmwɛər ˋaːftəwədz.
ʃwɔt? ʃdinə? wiˑ v ounli dʒʌst hæd ˋtiː!
wel, ⌐let s dʒʌst hæv ə lait ⌐miːl sʌmwɛə ˋnau.
⌐dount juˑ θiŋk it əd biˑ betə tə ʃweit ə bit, __ənd hæv ə
    gud səbstænʃl miːl ə litl ʃleitə?

TYPICAL EVERYDAY SENTENCES

Getting Up.

⁻dount juˑ θiŋk it s niəli taim tə get ╱ʌp?
ai ʃəd get ╲ʌp if ╱ai wə juˑ; it s getiŋ ╲leit.
⁻wen ɔ juˑ gouiŋ tə get ╲ʌp?
də juˑ ⁻nou ðə ╱taim?
╲ai v biˑn ʌp fə ðə laːst tuː ╲auəz.
╱wel; ⁻wɔt əbaut getiŋ ╲ʌp?
⁻ai ╲sei; ╲duː get ╱ʌp.
juˑ ╲nou wɔt ə lɔt əv θiŋz wiˑ v gɔt tə ╲duː ðəs mɔːniŋ.
⁻ɔːl ⌒rait; ai m ╲dʒʌst gouiŋ tə get ╱ʌp.
ai ╲ʃaːnt bi lɔŋ ╱nau.
ai l bi ⁻daun in ə ⌒moumənt.
ai v ⁻ounli gɔt tə get mai ⌒buːts ɔn.
⁻wɔt s ðə ╲taim ðen?
⁻iz it əz ⁻leit əz ɔːl ╱ðæt?
ai hæd ⁻nou ai╲diə it wəz sou leit.
⁻ai v ounli dʒʌst wouk ╲ʌp.
⁻wɔt taim z ╲brekfəst?
ai ʃaːnt biˑ redi fə haːf ən ╲auə ╱jet.

Going to Bed.

ai θiŋk it s taim tə gou tə ╲bed.
it s getiŋ ╲leit; ⁻dʒʌst luk ət ðə ╲taim!
juˑ ɔːt tu əv biˑn in bed ən ╲auər əgou.
wel, ⁻ai m gouiŋ tə ╲bed; ai m ╲sliːpi.
╲ai dount fiːl sliːpi ə ╲bit.
if ai went tə ╱bed, ai m ╲ʃɔːr ai ʃudnt get tə ╱sliːp.
ə ⁻juː fiːliŋ ╱taiəd? wud juˑ ⁻laik tə gou tə ╱bed?
ai ⁻kudnt get tə ╲sliːp laːst nait.

ai wəz ə˯weik til ⎺tuː əklɔk in ðə ˯mɔːniŋ.
ət ⎺wɔt taim də juˑ dʒenrəli weik ˯ʌp?
⎺wen də juˑ wɔnt tə get ˯ʌp?
wud juˑ ⎺laik enibɔdi tə ⁄kɔːl juˑ?
wel, ⎺if juˑ l ik⁄skjuːz miˑ, ai θiŋk ai l bi getiŋ tə ˯bed.
it s taim fə ˯juː tə gou ˯tuː.
juˑ ˯riəli ɔːt tə gou tə bed əːliə.
ai m ˯ʃɔː ju dount get ənʌf ⁄rest.
⎺ai ˯heit gouiŋ tə bed ⁄əːli.
ai ˯nou ai ˯ɔːt tə gou tə bed əːli.
wel, ⎺ai m niəli ə˯sliːp.
˯juː kən stei ʌp if juˑ wɔnt tuˑ, bət ⎺ai m ɔːf tə ˯bed.
⎺gud ⌣nait.
⎺ai houp juˑ l ⌣sliːp wel.

SOMETHING LOST.

həv ⎺juː siːn mai ⁄hæt eniwɛə?
⎺ai v lɔˑst mai ˯kiː.
⎺ai kɑːnt faind mai ˯pəːs.
⎺wɛə ⎺kæn ai əv ˯put it?
ai v ⎺lukt fɔˑr it ˯evriwɛə.
ai ⎺kɑːnt faind it ˯eniwɛə.
nau ⎺wɛər ɔn əːθ kæn it ˯biː?
⎺it ˯iz sou ənɔiiŋ tə mislei θiŋz!
it s ⎺moust ˯streindʒ, ˯riəli!
⌣it kɑːnt biˑ ⁄lɔˑst!
ai ounli ˯sɔː it hiə ðəs ⁄mɔːniŋ.
ai ˯hæd it hɑːf ən auər ə⁄gou.
ai mʌst əv ˯drɔpt it sʌmwɛər in ðə ˯striːt.
ai səpouz ˯juˑ hævnt siːn it eniwɛə, ⁄hæv juˑ?

TYPICAL EVERYDAY SENTENCES

sʌmbədi z ˎteikn it, ai ikspekt.
/h/əv juˑ ⌐lukt in ði ʌðə ˊrum?
juˑ d betə gou ən hæv əˎnʌðə luk.
præps juˑ left it in jɔˑr ouvəkout ˎpɔkit.
⌐wɛə did juˑ hæv it ˎlɑːst?
＿did júˑ luːz it wail juˑ wər ˊaut?
wai ˎhiər it iz!
ˎhiər it iz; ˎai v ˊgɔt it!
wai bles mai soul, it mʌst əv bin hiər ɔːl ðə ˎtaim!

The Foreign Stranger asks for Advice and Help.

iz ðər ⌐enibɔdi hiər uˑ spiːks ˊfrentʃ?
ai d ˎrɑːðə spiːk ˊfrentʃ.
mai ˋiŋgliʃ iz rɑːðər eliˎmentri ＿ət ˊpreznt.
ai ⌐wɔnt səm infəˎmeiʃn.
ai ⌐wʌndə weðə juˑ d biˑ gud ənʌf tə ˎhelp miˑ.
ai m ⌐rɑːðər in ə ˎdifiklti.
ðə z ə ⌐səːtn mætər ai wɔnt tuˑ ikˎsplein.
ənd ai ⌐dount kwait nou hau tuˑ ikˎsplein it.
ai θɔːt præps ˎjuː mait help mi.
＿f kɔːs ai dount wɔnt tə ˊtrʌbl juˑ.
⌐mai neim z ˎ(name).
⌐ai liv ət ˎ(address).
ai v bin ⌐tould ai ɔːt tə siː ðə hed əv sʌm diˎpɑːtmənt ɔˑr ʌðə,
ənd ai ⌐dount nou wɛə tə ˎgou.
in fækt ai dount nou wɔt dipɑːtmənt it ˎiz.
ənd ai dount kwait nou wɔt ai v gɔt tə ˎgou fɔˑ.
ai m ə ⌐pəːfikt ˎstreindʒə hiə, juˑ siː.
ai ʃəd biˑ ˎsou mʌtʃ əblaidʒd tuˑ juˑ if juˑ kəd giv miˑ ə litl
    ədˊvais.

First Attempts at Conversation in English.

ai m ə ⁻freid ai dount ʌndəˎstænd juˑ.
ai ⁻dount kwait ʌndəˎstænd juˑ.
ai dount ʌndəˎstænd ˊiŋgliʃ veri wel.
ai dount ˎnou veri mʌtʃ ˊiŋgliʃ.
ai wiʃ ai ˎdid.
ai m nɔt ˎiŋgliʃ, juˑ siː.
əz ə mætr əv fækt, ai m ˎfrentʃ.
ai hævnt ˎbiˑn in ðis kʌntri veri ˊlɔŋ.
ai ⁻nou ə ˀlitl iŋgliʃ, bət ⁻nɔt ˀmʌtʃ.
ai kn ⁻dʒʌst meik məself ʌndəˎstud.
it s ⁻sou difiklt fə miˑ tu ʌndəˎstænd wen ⁻piːpl ˎspiːk tuˑ miˑ.
ai ⁻ʌndəstænd fɛəli wel wen piːpl spiːk ˀslouli.
ˀmoust piːpl spiːk tuː ˎkwikli.
ðə prə⁻nʌnsiˎeiʃn z sou difiklt.
ai kən ˀriːd fɛəli iːzəli.
ai ⁻dount faind it difiklt tə ˀriːd.
ˎjes, —ai m teikiŋ ˎlesnz.
⁻ai hæv ə lesn niəli evri ˎdei.
ai ⁻dount get ənʌf ˎpræktis.
ai ⁻dount get ənʌf præktis in æktjul ˎspiːkiŋ.

When Late.

aı m əfreid ai m ˎleit.
ai m rɑːðə ˎleit ai m əfreid.
əm ⁻ai ˊleit?
ai ˎhoup ai m nɔt ˊleit.
ai ⁻kudnt ˎget hiə biˊfɔə.
ai ˀtraid tə get hiər ɔːliə, bət ai ˎkudnt.
ai ˀθɔːt ai ʃudnt bi eibl tə kʌm əˎtɔːl.

TYPICAL EVERYDAY SENTENCES

it s ˘blʌkɪ ai m nɔt leitə ðn ai ↘ɑːm.
ai ⁻didnt nou ðə ↘taim.
ðə ↘klɔk wəz slou.
⁻mai ↘wɔtʃ əd stɔpt.
ai ⁻lɔˈst mai ↘trein.
ai hæd tə teik ðə ⁻nekst ↘trein.
⁻sʌmbədi kein tə ↘siː miˈ ət ðə ⁻laːst ↘moumənt.
ai ↘heit biˈiŋ ↗leit.
ai ↘houp ai hævnt kept juˈ weitiŋ tuː ↗lɔŋ.
ai ↘nevə laik kiːpiŋ piːpl ↗weitiŋ.
⁻it s ↘sou ənɔiiŋ tə biˈ ↗leit.
ai m ↘ɔːfəli ↗sɔri.
ai m ↘veri sɔri in↘diːd.

In a Hurry.

ai məst ⁻riəli ↘gou nou.
ai məst biˈ ↘ɔːf.
it s taim fɔː miˈ tə ↘gou.
ai ⁻riəli kaːnt stei eni ↘lɔŋgə.
ai məst ⁻riəli ↘liːv juˈ.
wiˈ riəli ⁻kaːnt weit eni ↘lɔŋgə.
wiə ˘bleit əz it ↘iz.
it s ɔˈl↘redi paːst ðə taim wiˈ ɔːt tu əv ↗staːtɪd.
wi riəli ɔːt tə staːt ət ↘wʌns.
wi ↘mʌsnt biˈ ˘bleit.
ai m in ə ↘hʌri.
wiˈ ər in ə ⁻greit ↘hʌri.
˘bsɔri, bət ai ⁻kaːnt stɔp ˘bnau.
wiˈ d betə meik ↘heist.
ai ⁻wiʃ juˈ d hʌri ˘bʌp.
⁻wiː ↘ʃæl biˈ leit.

juˑ ˋnou wiˑ prɔmist tɔ biˑ ðɛə bai ˋeit.
sʌmbədi z ˋweitiŋ fɔˑ mi.
ai ⁻mʌsnt kiːp im ˋweitiŋ.
if ai ⁻dount gou ˋnau, ai ʃəl luːz ⁻mai ˋtrein.

Arranging for a Walk.

⁻wɔt ʃl wi duː təˋdei?
wud juˑ ⁻laik tɔ gou ˈaut?
ʃl wi ⁻gou fər ə ˈwɔːk?
wud juˑ ⁻laik tə gou aut fər ə ˈwɔːk?
ai d rɑːðə stei ət ˋhoum ðəs ˈmɔːniŋ.
wiˑ kəd gou ⁻aut ðəs ɑːftəˋnuːn.
⁻let s gou fər ə wɔːk in ðə ˋkʌntri.
ju ˋlaik lɔŋ ˈwɔːks, ˈdount juˑ? (or ˋdount juˑ?)
ˋwel, wiˑ l gou fər ə ⁻nais lɔŋ ˋwɔːk.
⁻wɛə ʃl wiˑ ˋgou?
__wɛə juˑ ˈlaik; ˋai dount maind.
ai l ⁻let ˋjuː disaid wɛə tə gou.
ˋjuː nou ðə kʌntri betə ðən ˈai duˑ.
hæv ju ⁻evə biˑn tə ˈleksfəd?
rɑːðər ə lɔŋ ˋwei, ˈiznt it?
it ˋiz rɑːðər ə lɔŋ ˈwei.
iznt ðə sʌmwɛə ˈniərə wɛə wiˑ kəd gou?
ˈjes, ðə z ˈstæntən, ˈðæt meiks rɑːðər ə nais wɔːk.
ˋðæt iznt fɑː; wiˑ kəd ⁻iːzili get bæk bai ˋsevn.
__veri ˈwel ðen; ⁻let s meik it ˋstæntən.

Fixing up an Appointment. (I.)

ə ⁻juː ˈfriː ðəs mɔːniŋ?
də ⁻juː hæpn tə biˑ ˈfriː ðəs iːvniŋ?
ʃəl ⁻juː biˑ friː ðəs ɑːftəˈnuːn?

TYPICAL EVERYDAY SENTENCES

həv juˑ ⁻gɔt eniθiŋ tə duː tə⸝mɔrou?
ə ⁻juː veri ⸝bizi?
ət ⁻wɔt taim kən ai ⸜siː juˑ?
ət ⁻wɔt taim wud juˑ laik miˑ tə kʌm ən ⸜siː juˑ?
⁻mei ai ikspekt juˑ ət ⸝fɔː¹?
wud juˑ ⁻rɑːðə kʌm tə⸝mɔrou?
⁻ʌp tə wɔt taim ʃəl juˑ biˑ ⸜friː?
ʃəl ⁻ai kɔːl ɔn ⸝juː, ɔˑ wil ⁻juː kʌm fə ⸜miː?
ə juˑ ⁻ʃɔː² juˑ l biˑ ⸝ðɛə.
ə juˑ ⁻kwait ʃɔː² juˑ kŋ ⸝kʌm?
⁻wudnt it biˑ betə tə kʌm ə litl ⸝leitə?
⁻dount juˑ θiŋk it əd biˑ betə tə kʌm ⸝əːliə?
ʃl ai ⁻let juː nou ⸜leitə?
⁻luk ⸜hiə; ai l ⸜tel juˑ ⸝wɔt;
⁻juː drɔp miˑ ə kɑːd ðəs ⸝iːvniŋ
ənd ⁻tel miˑ ig⁻zækli wɔt juˑ v meid ʌp jɔˑ maind tə ⸜duː.
⸝siː juˑ tə͜mɔrou ðen.

Fixing up an Appointment. (II.)

⸝nou, __ai m nɔt ⸝bizi.
⸝jes, __ai m ⸝friː.
ai m ⁻pəːfiktli ⸝friː.
ai ʃl bi ⁻friː ðəs ɑːftə⸝nuːn.
ai ʃl bi ⁻kwait friː ðəs ⸝iːvniŋ.
ai ⁻ʃɑːnt bi bizi tə⸝mɔrou.
ai ʃl bi ⁻hiər ət hɑːf pɑːst ⸝siks.
ai ʃl bi ⁻veri pliːzd tə ⸜siː juˑ.
ai l kɔːl ən ⸜siː juˑ if juˑ ⸝laik.
juˑ kŋ kʌm tə mai ⸝haus.
⁻trai tə kʌm ⸜əːliə, __if juˑ ⸝kæn.
__ai hævnt eniθiŋ pətikjulə tə ⸝duː.

¹ *or* ⸝fɔə   ² *or* ʃuə.

ai l ⌐luk aut fɔˈ ju ət əbaut ↘fɔː.
it s ə ↘piti ai didnt nou ↗ɔːliə.
if jɔˈ priventid frəm ↗kʌmiŋ, wil ju ⌐let mi ↗nou?
↘duː trai tə ↗kʌm.
ai ʃl biˈ ↘sou glæd if juˈ kŋ ↗kʌm.
ai m ⌐nɔt kwait ↗ʃɔː¹ weðər ai m ↘friː.
wel, ⌐luk ↘hiə; ⌐kʌm raund əz suːn əz juˈ ↘kæn.
⌐let miˈ nou wen jɔˈ ↘friː, ən ai l ⌐kʌm ↘raund.

Concerning the Weather.

it s təːnd kwait ↘wɔːm əgen, ↘hæznt it?
 ....↘kould, *etc.*
 ....↘tʃili, *etc.*
 ....↘fɔgi, *etc.*
 ....↘wet, *etc.*
it luks əz if wiˈ wə gouiŋ tə hæv ə fain ↘dei.
 ....↘mɔːniŋ ....ɑːftə↘nuːn. ....↘iːvniŋ.
 ....↘nait. ....wiːk ↘end.
(*For* fain, *substitute* wet, fɔgi, kould, snoui, *etc.*)
⌐wɔt ə ⌐lʌvli ↘dei!
 ....↘mɔːniŋ! ....ɑːftə↘nuːn! ....↘iːvniŋ! ....↘nait!
⌐wɔt ⌐lʌvli ↘weðə!
⌐ai m ↗sou glæd it s təːnd aut ↗fain!
⌐ai m ↘sou sɔri it s təːnd aut ↗wet.
⌐hau də juˈ laik ↘ðis weðə?
⌐wɔt ə ⌐lʌvli ↘tʃeindʒ frəm ðə weðə wiˈ v biˈn hæviŋ leitli.
⌐ai ↗duː houp it l kiːp ↗fain.
⌐iznt ðis ↗lʌvli weðə?
⌐iznt ðis ↘retʃid weðə?
ai ⌐houp it wount ↘rein.
ai ⌐houp it l kiːp ↘ ain.

¹ ↗ʃuə.

Part III.

METHODS OF EXPRESSION.

Professor H. C. Wyld, in his fascinating *History of Modern Colloquial English*, points out that if English people of the present day were transported back into the seventeenth century, most of them would find it extremely difficult to carry on the simplest kind of decent social intercourse. "We should not know how to greet or to take leave of those we met, how to ask a favour, pay a compliment or send a polite message. . . . We could not scold a footman, commend a child, express in appropriate terms admiration for a woman's beauty, or aversion to the opposite quality. We should hesitate every moment how to address the person we were talking to. . . . Our innocent impulses of pleasure, approval, dislike, anger, disgust, and so on, would be nipped in the bud for want of words to express them. . . . If we . . . insisted on speaking in our own way, we should be made to feel before long that we were outraging every convention and sense of decorum. . . . We should appear at once too familiar and too stiff and stilted; too prim and too outspoken. . . . In any case we should cut a very sorry figure."

Now if English people "cut a very sorry figure" by the misuse of their own tongue, the foreign student of English may well imagine how often he "cuts a sorry figure" when using a tongue which has little or no analogy to his own. The Englishman transported by Mr. Wells' time machine back into the seventeenth (or even the eighteenth) century would have to learn, not precisely a new language, but new manners of using his own. But the foreign student transported to England has the double task before him; to learn a new language and, by the medium of that language, to learn new manners of expression and new methods of social intercourse.

The object of Part III. of this book is to furnish typical examples of such methods of expression as used to-day in England of the twentieth century by educated persons in their usual everyday speech.

How to Express Thanks.

ˎθæŋk juˑ.   ˎθæŋks.   ˊθæŋk juˑ.[1]   ˉmeni ˎθæŋks.
ˉou ˎθæŋk juˑ.   ˎθæŋk juˑ ˋsou ˊmʌtʃ.   ˎθæŋks ˋsou ˊmʌtʃ.
ˉθæŋks veri ˎmʌtʃ.   ˎθæŋk juˑ ˉveri ˎmʌtʃ.
ˋou ˉθæŋks ˎɔːfəli.   ˎθæŋks ˉveri mʌtʃ inˎdiːd.
ai m ˉveri mʌtʃ əˎblaidʒd tuˑ juˑ.   ˉmʌtʃ əˎblaidʒd.
ai m ˉriəli veri ˎgreitfəl tuˑ juˑ.
it s ˉveri ˎkaind ɔv ju.   it s ˉriəli ɔːfəli ˎkaind ɔv juˑ.
ˉit ˋiz kaind ɔv juˑ.   ˉit ˋiz gud ɔv juˑ.
it s ˉmoust ˎθɔːtfəl ɔv juˑ.
ai ˉdount nou hau ai kən θæŋk juˑ iˎnʌf.
ˉjuː ˋɑː kaind.
ai m ˉriəli veri mʌtʃ inˎdetid tuˑ juˑ.
ai ˉdoun*t* nou wɔt ai ʃəd əv ˎdʌn wiðaut jɔˑ help.

What to Say on Receiving a Gift, Etc.

ˎθæŋk juˑ, *etc.*
ˉə juˑ ˉʃɔˑ juˑ kən ˊspɛər it?
ˉiz ðis ˉriəli fɔ ˊmiː?
ˋwel, ˉðis ˋiz ə səpraiz.
it s igˉzæk*t*li wɔt ai ˎwɔntid.
ai v biˑn ˉwɔntiŋ sʌmθiŋ laik ðis fɔr ə ˎlɔŋ taim pɑːst.
it s ˉdʒʌst ðə veri θiŋ ai v biˑn ˎwɔntiŋ.

[1] [ˊkjuˑ!] is a perfunctory manner of expressing thanks, more suitable for use in shops than for ordinary polite intercourse.

METHODS OF EXPRESSION 25

ju˙ ⁻kudnt əv tʃouzn eniθiŋ mɔː ⸝sjuːtəbl.
ai ʃl ⸜ɔːlwiz θiŋk əv ⸝ju: wen ai siː it.
it s ⁻riəli ⸝lʌvli.
it l ⁻biː moust ⸝juːsfl.
ai ⁻wiʃ ⸜ai njuː hau tə tʃuːz preznts laik ðæt!

WHAT TO SAY WHEN INTRODUCING PEOPLE TO EACH OTHER.

(⸜ou) ⁻let mi˙ intrədjuːs ju˙ tə⸝....
......mai frend mistə ⸝......
......mai frend misiz ⸝......
......mai frend mis ⸝......
......mistə ⸝......
......misiz ⸝......
......mis ⸝......
......mai ⸝waif.
......mai ⸝hʌzbənd.
......mai ⸝sʌn. *etc.*
⁻let mi˙ intrədjuːs [⸝......] tu˙ ju˙.
ə⁻lau mi˙ tu˙ intrədjuːs ju˙ tə⸝......
ə⁻lau mi˙ tu˙ intrədjuːs [⸝.....] tu˙ ju.
ðis is mistə ⸜......
⁻mai frend mistə ⸝......

WHAT TO SAY WHEN YOU MEET PEOPLE FOR THE FIRST TIME.

⁻hau d ju˙ ⸝duː.
⁻veri pliːz*d* tə ⸝miːt ju˙.
ai v ⸜ɔːfn ⸝həːd əbaut ju˙.
ai v ⸜ɔːfn wɔntid tə ⸝miːt ju˙.
ai m ⸜sou glæd tə hæv ði ɔpətjuːnəti əv ⸝miːtiŋ ju˙.
    or ......əv meikiŋ jɔ˙r ə⸝kweintəns.
⁻mistə [⸝......], ai bəliːv.

Calling Attention.

\ou, ik\skjuːz ⌐miː, bət....
\ou, ⌐mistə ˅braun,....
\ou, ⌐misiz ˅braun,....
\ou, ⌐mis ˅braun,....
⌐mistə ˄braun,....
⌐misiz ˄braun,....
⌐mis ˄braun,....
⌐ai ˅sei,....
ou, ⌐ai ˅sei,....
⌐luk ˅hiə,....
\ou, ⌐bai ðə ˅wei,....
nau, ⌐dʒʌst luk ˅hiə,...
nau, ⌐dʒʌst lisn tə ˅ðis,....
⌐dʒʌst lisn tə ˅miː ə minit,....

What to say when you are at Loss for an Expression.

\juː nou wɔt ai ⌐miːn.
ai ⌐kɑːnt θiŋk əv ði igzækt wəːd, —bət \juː ⌐nou.
ə sɔːt əv........\juː ⌐nou.
nou ai ⌐dount kwait miːn ⌐ðæt; —ai miːn......\juː ⌐nou.
ai \θiŋk juˈ ʌndəstænd wɔt ai ⌐miːn.
\juː nou ðə sɔːt əv θiŋ ai ⌐miːn.
.... ⌐ai dount kwait nou wɔt juˈ ⌐kɔːl it.
.... ⌐ɔˈ ⌐sʌmθiŋ laik ˅ðæt.
.... ⌐ənd....⌐sʌmθiŋ ə ˅ðæt sɔːt.
.... ⌐ɔˈ sʌmθiŋ ɔˈr ʌðə.
.... ⌐ɔˈ wɔtevə juˈ kɔːl it.
.... ⌐ðouz θiŋz....\juː ⌐nou.

METHODS OF EXPRESSION

How to Apologize.

ai m ˈveri ˈsɔri.
⁻ai ˌbeg jɔː ˈpɑːdn.
⁻ai ˌmʌst əpɔlədʒaiz.
⁻ai ˌhoup juˑ l ikˈskjuːz miˑ.
ai m ⁻riəli ˌɔːfəli sɔri.
it wəz ⁻moust ˌθɔːtlis ɔv mi.
it wəz ⁻riəli ˌkwait ʌnintenʃənl.
ai m əfreid juˑ ˈmʌst əv θɔːt mi veri ˈruːd.
ai m ə⁻freid ai mʌst əv ikˌsprest maiself bædli.
ai ˈriəli didnt miːn ˈðæt əˈtɔːl.
it wəz ⁻wʌn əv ðouz θiŋz juˑ sei in ðə hiːt ɔv ðə ˌmoumənt,
 ənd ðət jɔˑ ⁻sɔri fɔː ˌɑːftəwədz.

What to Say to Reassure People.

ˈou, ˈðæt s ɔˑlˈrait.
it s ˈkwait ɔˑlˈrait.
⁻dount wʌri əbaut ˈðæt.
⁻dount let ˈðæt distres juˑ.
ai əˈʃɔː juˑ, it s ⁻nʌθiŋ əˈtɔːl.
ðə z ⁻nou niːd fə juˑ tə wʌri in ðə ˈliːst.
it ⁻riəli iznt wəːθ ˌmenʃniŋ.
it s ˈpəːfiktli ɔːlrait.
⁻dount θiŋk eni mɔˑr əˈbaut it.
ai ˈkwait ʌndəˈstænd.
ai ʃəd əv dʌn ˈdʒʌst ðə seim θiŋ in ˈjɔː pleis.

How to Ask for Something.

⁻giv miˑ ˈðæt pliːz.
⁻giv it tə ˈmiː pliːz.
ai ʃəd ˈlaik tə hæv ˈðæt.

kən ⁻ai ↗hæv ðæt pliːz?
wil juˑ let miˑ ↗hæv wʌn?
ai ↘wiʃ juˑ d let miˑ hæv ↗ðæt.
kən ⁻ju ↗spɛə miˑ wʌn?
kən ⁻ai teik wʌn ↗wið miˑ?
⁻mei ai ↗ɑːsk juˑ fə wʌn?
də juˑ ⁻θiŋk juˑ kəd let miˑ ↗hæv wʌn.
həv ⁻juˑ gɔt wʌn juˑ kəd let miˑ ↗hæv.

All the above may be varied by using the forms suggested in "How to ask somebody to do something," see below, and "Asking permission to do something," p. 32.

How to Ask Somebody to do Something.
(*A Study in Intonation.*)

⁻kʌm ↘hiə.
—kʌm ↗hiə.
↘kʌm ↗hiə.
⁻kʌm ↶hiə.
⁻kʌm ↙hiə.
⁻pliːz kʌm ↘hiə
—pliːz kʌm ↗hiə.
↘pliːz kʌm ↗hiə.
⁻pliːz kʌm ↶hiə.
⁻pliːz kʌm ↙hiə.
⁻kʌm ↘hiə pliːz.
—kʌm ↗hiə pliːz.
↘kʌm ↗hiə pliːz.
⁻kʌm ↶hiə pliːz.
⁻kʌm ↙hiə pliːz.
⁻dʒʌst kʌm ↘hiə.
—dʒʌst kʌm ↗hiə.
⁻dʒʌst kʌm ↙hiə.

METHODS OF EXPRESSION

↗duː kʌm ↗hiə.
‾duː kʌm ↗hiə.
↗kʌm ↗hiə, ↗duː.
‾kʌm ↘hiə, ↗wil juˑ?
—kʌm ↗hiə, ↗wil juˑ?
‾pliːz kʌm ↘hiə, ↗wil juˑ?
—pliːz kʌm ↗hiə, ↗wil juˑ?
‾kʌm ↘hiə pliːz, ↗wil juˑ?
—kʌm ↗hiə pliːz, ↗wil juˑ?
↗kʌm ↗hiə pliːz, ↗wil uˑ?
‾dʒʌst kʌm ↘hiə, ↗wil juˑ?
—dʒʌst kʌm ↗hiə, ↗wil juˑ?
↗duː kʌm ↗hiə, ↗wil juˑ?
‾kʌm ↘hiə, ↗wount juˑ?
—kʌm ↗hiə, ↗wount juˑ?
↗kʌm ↗hiə, ↗wount juˑ.
‾pliːz kʌm ↘hiə, ↗wount juˑ?
—pliːz kʌm ↗hiə, ↗wount juˑ?
↗pliːz kʌm ↗hiə, ↗wount juˑ.
‾kʌm ↘hiə pliːz, ↗wount juˑ?
—kʌm ↗hiə pliːz, ↗wount juˑ?
↗kʌm ↗hiə pliːz, ↗wount juˑ?
‾dʒʌst kʌm ↘hiə, ↗wount juˑ?
—dʒʌst kʌm ↗hiə, ↗wount juˑ?
juˑ ↗wil kʌm ↗hiə, ↗wount juˑ?
‾juː kʌm ↘hiə!
‾dʒʌst juː kʌm ↘hiə!
‾juː dʒʌst kʌm ↘hiə!
‾juː kʌm ↘hiə, ↗wil juˑ?
↗juː kʌm hiə.
↗juː kʌm hiə, ↗wil juˑ?
wil ‾juː kʌm ↗hiə?
‾wil juˑ kʌm ↗hiə?

↘wil juˑ kʌm ʃhiə?
wil juˑ ⎺pliːz kʌm ʃhiə?
wil ⎺juː kʌm ʃhiə pliːz?
↘wil juˑ kʌm ʃhiə pliːz?
wil ⎺juː dʒʌst kʌm ʃhiə?
⎺wount juˑ kʌm ʃhiə?
wud ⎺juː dʒʌst kʌm ʃhiə?
⎺wud juˑ biˑ gud ənʌf tə kʌm ʃhiə?
⎺wud juˑ biˑ kaind ənʌf tə kʌm ʃhiə?
wud ⎺juː maind kʌmiŋ ʃhiə?
wud ⎺juː maind dʒʌst kʌmiŋ ʃhiə?
juˑ ↘mait dʒʌst kʌm ʃhiə.
juˑ ↘mait dʒʌst kʌm ↙hiə.
ai ⎺wɔnt juˑ tə kʌm ↘hiə.
ai ⎺wɔnt juˑ dʒʌst tə kʌm ↘hiə.
ai ʃd ↘laik juˑ tə kʌm ʃhiə.
ai ʃd ↘laik juˑ dʒʌst tə kʌm ʃhiə.
⎺maind juˑ kʌm ↗hiə.
⎺maind juˑ kʌm ↙hiə.
⎺maind juˑ kʌm ↘hiə.

How to Ask Somebody not to Do Something.

(*A Study in Intonation.*)

⎺dount kʌm ↗hiə.
⎺dount kʌm ↗hiə.
↘dount kʌm ʃhiə.
⎺dount kʌm ↘hiə.
⎺pliːz dount kʌm ↗hiə.
⎺pliːz dount kʌm ↗hiə.
↘pliːz dount kʌm ʃhiə.
⎺pliːz dount kʌm ↘hiə.

METHODS OF EXPRESSION 31

⎺dount kʌm ꜛhiə pliːz.
⎺dount kʌm ꜛhiə pliːz.
ꜜdount kʌm ⁄hiə pliːz.
⎺dount kʌm ⌐hiə pliːz.
⎺dount kʌm ꜛhiə, ꜜwil juˑ?
⎺dount kʌm ꜛhiə, ꜜwil juˑ?
ꜜdount kʌm ⁄hiə, ꜜwil uˑ?
⎺dount kʌm ⌐hiə, ꜜwil juˑ?
⎺pliːz dount kʌm ꜛhiə, ꜜwil juˑ?
⎺pliːz dount kʌm ꜛhiə, ꜜwil juˑ?
ꜜpliːz dount kʌm ⁄hiə, ꜜwil juˑ?
⎺pliːz dount kʌm ⌐hiə, ꜜwil juˑ?
⎺dount kʌm ꜛhiə pliːz, ꜜwil juˑ?
⎺dount kʌm ꜛhiə pliːz, ꜜwil juˑ?
ꜜdount kʌm ⁄hiə pliːz, ꜜwil juˑ?
⎺dount kʌm ⌐hiə, pliːz, ꜜwil juˑ?
⎺dount juː kʌm ꜛhiə.
⎺dount juˑ kʌm ꜛhiə.
⎺dount juː kʌm ⌐hiə.
⎺dount ꜛjuː kʌm hiə.
⎺dount ⌐juː kʌm hiə.
⎺dount ꜛjuː kʌm hiə, ꜜwil juˑ?
⎺dount ⌐juː kʌm hiə, ꜜwil juˑ?
juˑ ꜜwount kʌm ⁄hiə, ꜜwil juˑ?
wud ⎺juː biˑ gud ənʌf nɔt tə kʌm ⌐hiə?
wud ⎺juː biˑ kaind ənʌf nɔt tə kʌm ⌐hiə?
wud ⎺juː maind nɔt kʌmiŋ ⁄hiə?
ai ⎺dount wɔnt juˑ tə kʌm ꜛhiə.
ai ⎺dount wɔnt juˑ tə kʌm ⌐hiə.
ai ʃd ⎺laik juˑ nɔt tə kʌm ⌐hiə.
⎺maind juˑ dount kʌm ꜛhiə.
⎺maind juˑ dount kʌm ⌐hiə.
⎺maind juˑ dount kʌm ꜛhiə, ꜜwil juˑ?

Asking for Information.

⎺wɔt ˋiz it? ⎺hu: ˋiz it? ⎺weər ˋiz it? *etc.*
kən ⎺juː tel mi wɔt it ˌfiz?
kud ⎺juː tel mi wɔt it ˌfiz?
wud ⎺juː maind teliŋ mi wɔt it ˌfiz?
ai ʃəd ˋlaik tə nou wɔt it ˌfiz.
⎺mei ai ɑːsk wɔt it ˌfiz?
⎺mait ai ɑːsk wɔt it ˌfiz?
juˑ ˋmait dʒʌst tel miˑ wɔt it ˌfiz.
kən ⎺juː giv mi eni aidiə æz tə wɔt it ˌfiz?
    kud ⎺juː .... *etc.*
ai ʃəd ˋlaik tə hæv sʌm aidiə æz tə wɔt it ˌfiz.

Asking Permission to Do Something.

⎺kən ai ˌteik ðis?
⎺kud ai ˌteik ðis?
⎺mei ai ˌteik ðis?
⎺mait ai ˌteik ðis?
⎺wil juˑ əlau miˑ tə ˌteik ðis?
⎺wud juˑ əlau mi tə ˌteik ðis?
⎺wil ju let miˑ ˌteik ðis?
⎺wud juˑ maind if ai ˌtuk ðis?
⎺də juˑ maind mai ˌteikiŋ ðis?
həv juˑ ⎺eni əbdʒekʃn tə mai ˌteikiŋ ðis?
də ⎺juˑ siː eni əbdʒekʃn tə mai ˌteikiŋ ðis?
ai ⎺houp juˑ dount maind mai ˌteikiŋ ðis.
ˋlet mi ˌteik ðis.
ai ʃəd ⎺laik tə ˌteik ðis if ai mei.
    ......if juˑ dount maind.
    ......if juˑ l əlau mi.
    ......if juˑ hævnt eni əbˌdʒekʃn.
    ... ..if juˑ dount siː eni əbˌdʒekʃn.

METHODS OF EXPRESSION

ai ⁻kæn ↗teik ðis, ↗kɑːnt ai? *or* ↘kɑːnt ai?
ai ⁻mei ↗teik ðis, ↗meint ai? *or* ↘meint ai?
juˑ ⁻dount maind if ai ↗teik ðis, ↗duː juˑ? *or* ↘duː juˑ?
ðə z ⁻nou əbdʒekʃn tə mai ↗teikiŋ ðis, ↗iz ðə? *or* ↘iz ðə?
juˑ l ⁻let miˑ ↗teik ðis, ↗wount juˑ? *or* ↘wount juˑ?
ai l ↘teik ðis if ai ↗mei.
......if juˑ dount maind, *etc.*

GIVING PERMISSION TO DO SOMETHING.

juˑ kn ↘teik ðæt, __if juˑ ↗laik.
juˑ mei ↘teik ðæt, __if juˑ ↗laik.
↘teik it bai ↘ɔːl miːnz.
↘teik it, ↘duː.
⁻ai dount maind jɔˑ ↗teikiŋ it.
⁻ai v nou əbdʒekʃn tə jɔˑ ↗teikiŋ it.
⁻ai dount siː eni əbdʒekʃn tə jɔˑ ↗teikiŋ it.

ENQUIRIES AS TO THE NECESSITY OF DOING SOMETHING.

⁻mʌst juˑ ↗duˑ it?
⁻həv juˑ ↗gɔt tə duˑ it? *or* ⁻hæv juˑ.....
⁻də juˑ ↗hæv tə duˑ it?
⁻həd juˑ ↗gɔt tə duˑ it? *or* ⁻hæd juˑ.....
⁻did juˑ ↗hæv tə duˑ it?
↗ɑː juˑ tə duˑ it?
↗wəː juˑ tə duˑ it?
⁻ə juˑ ↗baund tə duˑ it?
⁻ə juˑ ə↗blaidʒd tə duˑ it?
↗niːd juˑ duˑ it?
⁻iz ðər eni ↗niːd (fɔˑ juˑ) tə duˑ it?
⁻iz ðər eni ni↗sesəti (fɔˑ juˑ) tə duˑ it?

⎯iz it ˌnesisri (fɔˈ juˈ) tə duˈ it?
ˌɔːt juˈ tə duˈ it?
ˌʃud juˈ duˈ it?
⎯ə juˈ səˌpouzd tə duˈ it?

NON-NECESSITY OF DOING SOMETHING.

ai ˋniːdnt duˈ it.
aı ⎯dount ˋhæv tə duˈ it.
ðei ⎯didnt ˋhæv tə duˈ it.
ai m ⎯nɔt əˋblaidʒd tə duˈ it.
ðə z ⎯nou niˋsesəti (fɔˈ miˈ) tə duˈ it.
ai m ⎯nɔt ˋbaund tə duˈ it.
ðə z ⎯nou ˋniːd tə duˈ it.
it ⎯iznt ˋnesisri tə duˈ it.
ai ⎯hævnt ˋgɔt tə duˈ it.

HOW TO SAY YOU LIKE SOMETHING.

ai ˏlaik ˌðæt. ai ˏlaik duˈiŋ ˌðæt.
⎯ai ˋduː laik it. ⎯ai ˋduː laik duiŋ ðæt.
⎯ai inˋdʒɔi ðæt sɔːt əv θiŋ ˋsou ˌmʌtʃ.
⎯ai ˋlʌv ðæt sɔːt əv θiŋ. ⎯ai ˋlʌv duˈiŋ ðæt sɔːt əv θiŋ.
⎯it ˋiz nais!
ˏlʌvli, ˋiznt it?
it s ⎯riəli ˋwʌndəfl!
ai ⎯dount θiŋk ai v siːn eniθiŋ ai laik ˋbetə.
⎯ai v indʒɔid it ˋsou ˌmʌtʃ!
⎯it s simpli ˋglɔriəs!
it s ⎯veri nais inˋdiːd.
⎯ai ˋduː laik ðə luk ɔv it!
ˏriəli, it s ⎯ɔːlmoust ˋpəːfikt.

METHODS OF EXPRESSION 35

ai ⁻wiʃ it wə ˊlmain.
⁻wɔt ə ˊlʌvli wʌn!
ai ⁻kɑːnt faind ˎwəːdz tuˑ iːspres hau mʌtʃ ai laik it!
it s ⁻tuː lʌvli fə ˎwəːdz!

How to Say you Dislike Something.

ai ⁻dount ˎlaik it. ai ⁻dount ˎlaik duˑiŋ it.
⁻ai ˎdount laik ðæt sɔːt əv θiŋ.
⁻ai ˎdount laik duˑiŋ ðæt sɔːt əv θiŋ.
⁻ai ˎduː dislaik ðæt sɔːt əv θiŋ.
⁻ai ˎduː dislaik duˑiŋ ðæt sɔːt əv θiŋ.
⁻ai ˎheit ðæt sɔːt əv θiŋ.
⁻ai θiŋk it s diˎtestəbl.
⁻it ˎiz nɑːsti!
ˎhɔrəbl, ˎiznt it?
it s ⁻riəli ˎɔːfl!
ai ⁻dount θiŋk ai v evə siːn eniθiŋ ai dislaik ˎmɔː.
ai ⁻dount laik it əˎtɔːl.
it s ⁻simpli əˎtrouʃəs!
⁻ai ˎkɑːnt ʌndəstænd hau piːpl laik ðæt sɔːt əv θiŋ!
it s ⁻tuː ɔːfl fə ˎwɔːdz!

How to Say you Like Somebody.

⁻hiː z ə ˎveri nais felou (*or* mæn).
⁻ʃiː z ə ˎveri nais gəːl (*or* wumən).
hiˑ z ə ⁻θʌrəli gud ˎfelou.
ʃiˑ z ⁻riəli ə ˎnais gəːl (*or* wumən).
ə ⁻moust ˎtʃɑːmiŋ pəːsn.
hiˑ z (*or* ʃiˑ z) ⁻wʌn əv ðouz ˎveri nais piːpl.
hiˑ z (*or* ʃiˑ z) ⁻riəli ikˎsepʃnəli nais.

D

EVERYDAY SENTENCES

hiˑ z (or ʃiˑ z) ə ⁻moust ˎintristiŋ pəːsn.
⁻wʌn əv ðouz piːpl ˎevribɔdi laiks.
wʌn əv ðə ⁻naisist piːpl ai ˎnou.
⁻wʌn əv ðouz piːpl juˑ kn ˎtrʌst.

How to Say you Dislike Somebody.

⁻ai kɑːnt ˎbɛə ðæt mæn.
....felou. ....wumən. ....gəːl.
⁻ai ˎduː dislaik ðæt mæn. *etc.*
⁻ai kɑːnt ˎstænd ðæt mæn. *etc.*
ə ⁻moust ʌnˎpleznt sɔːt əv pəːsn.
⁻wʌn əv ðouz ʌnˎpleznt sɔːt əv piːpl.
⁻wʌn əv ðouz piːpl juˑ kn nevə ˎtrʌst.
⁻ai ˎkɑːnt sei ai laik im. ...hə.

Interrupting and Protesting.

ˎnou ai ˏdount! ˎnou ai m ˏnɔt! *etc.*
ˎnou, ai ˋdount! ˎnou, ai m ˋnɔt! *etc.*
⁻nou ai ⁰dount! ⁻nou ai m ⁰nɔt! *etc.*
ˋjes ai ˏduː! ˋjes ai ˏæm! *etc.*
ai ˋduː! ai ˋæm! *etc.*
ai ⁰duː! ai ⁰æm! *etc.*
⁻ai ˎdount! ⁻ai m ˎnɔt. *etc.*
⁻ai ˎduː! ⁻ai ˎæm. *etc.*
ˋnou, ikˋskjuːz ˏmiː!
ˋou, ˋkʌm nau!
ˋou, bət ⁻ai ˎsei!
ˋnou, ai ˋdount miːn ˏðæt!
ˋnou, ⁻nɔt əˎtɔːl!
ˋjes bət ⁻luk ˎhiə!

METHODS OF EXPRESSION

⎯ðæt s ɔːl veri ⌄wel, bət......
\ou bət ai......
ɪk\skjuːz mı' ɪf ai ɪntə⌿rʌpt ju, —bət......
\paːdn ⌒miː, —bət......
ai \beg jɔ' ⌒paːdn, —bət......
\nou, ai \kaːnt əlau ju' tə sei ⌒ðæt!
⎯ai didnt sei eniθiŋ əv ðə ⌄sɔːt!
⎯ai prə⌄test!

EXPRESSIONS OF DISAGREEMENT.

(*To each of the following sentences may be prefixed* \wel, \nou, *or* wel \nou.)

ai dount ə\griː wið ju'.
ai dount kwait ə\griː wið ju'.
ai dount θiŋk jɔ' \rait, ⌿ðɛə.
ai ⎯riəli dount ⌄θiŋk sou.
⎯ðæt s wɛər ai disə⌄griː wið ju'.
ai m ⌒raːðər iŋklaind tə \daut it.
ai raːðə \daut ⌿ðæt.
ai ⎯kaːnt sei ai ə⌄griː wið ju'.
ai m əfreid jɔ' mis\teikn ⌿ðɛə.
⎯ðæt s wɛə ju' meik ə mis⌄teik.
ai m ə⎯freid ðæt s wɛə wi' məst əgriː tə ⌄difə.

EXPRESSIONS OF AGREEMENT.

(*To each of the following sentences may be prefixed* \jes.)

ai ⎯kwait ə⌄griː wið ju'.
⎯dʒʌst ⌄sou.
⎯kwait ⌄truː.
ai ⎯θiŋk jɔː \rait.
jɔː ⎯kwait ⌄rait ⌿ðɛə.
ðæt s ⎯dʒʌst wɔt ⌄ai θiŋk.

ðæt s ⁻dʒʌst wɔt ˎai v ɔːlwiz sed. ....θɔːt.
ðæt s ⁻dʒʌst wɔt ai v ɔːlwiz ˎsed. ....ˎθɔːt.
ðæt s ⁻dʒʌst wɔt ˎai wɔz gouiŋ tə sei.
ðæt s ⁻dʒʌst wɔt ai wɔz gouiŋ tə ˎsei.
ai ˋθiŋk sou.
ðæts ˋmai əpinjən, ˋtuː.
ðə z ⁻nou ˎdaut əbaut it.

Confessions of Ignorance.

ai ⁻dount ˎnou.
ai ⁻riəli dount ˎnou.
ai ⁻dount kwait ˎnou.
ai ⁻mʌst kənfes ai dount ˎnou.
ˋai dount nou.
ai m ə⁻freid ai kɑːnt ˎtel juˑ.
ai ⁻riəli kɑːnt ˎtel juˑ.
ai v ⁻riəli gɔt nou aiˎdiə.
ai ⁻hævnt ðə slaitist aiˎdiə.
ai ⁻riəli hævnt ðə feintist aiˎdiə.
ai ⁻dount nou eniθiŋ əˎbaut it.
ai ⁻dount nou eni mɔː ðən ˎjuː duˑ.
ai m ⁻kwait in ðə ˎdɑːk əbaut it.
__ai wɔznt əˏweər ɔv it.
ai ⁻didnt nou ˋðæt.
ðæt s ˋnjuːz tə ˋmiː.

How to Say that Something isn't Important.

⁻it dʌznt ˏmætə.
it ˋriəli dʌznt ˏmætə.
it ⁻dʌznt mætər in ðə ˎliːst.
....in ðə ˎslaitist.
it ⁻riəli dʌznt mætər əˋtɔːl.

METHODS OF EXPRESSION

‾nevə ⌒maind.
‾nevə maind əbaut ⌒ðæt.
ai ‾dount maind in ðə ⸜li:st.
....in ðə ⸜slaitist.
ai ‾riəli dount maind ə⸜tɔ:l.
dount trʌbl əbaut ⸝ðæt.
dount wʌri əbaut ⸝ðæt.
‾dount let ⌒ðæt wʌri ju·.
ai ‾ʃudnt wʌri əbaut ⌒ðæt if ai wə ju·.
it ‾meiks nou difrəns wɔ⸜tevə.
it ‾riəli meiks nou difrəns ə⸜tɔ:l tə ⸝mi:.
it ‾riəli dʌznt meik ðə ⸜slaitist difrəns tə ⸝mi:.
it ‾dʌznt meik ə ⸜skræp əv difrəns.
ai ə⸝ʃɔ: ju·, it s ⸝pə:fiktli ɔ:lrait.

Suggestions.

‾ʃl ai oupn ðə ⸝windou?
‾let ⸜mi: du· it.
ʃl ‾wi: gou tə⸝geðə?
‾let s tʃeindʒ ðə ⸜sʌbdʒikt.
‾dount let s tɔ:k əbaut it eni ⸜mɔ:.
‾hædnt ju· betə meik ⸝heist?
ju· d ‾betə maind wɔt ju· ⌒sei.
wud ju· ‾laik mi· tə sta:t ət ⸝wʌns?
wud ju· laik tə ⸝trai?
wud ‾ju: kɛə fɔ· mi tə kʌm ⸝wið ju·?
wud ⸝ju: kɛə tə du· it?
ai ‾dount θiŋk ju· d betə gou ⌒nau.
‾wai nɔt tə⸜mɔrou?
‾wɔt əbaut mi:tiŋ im ⸜hiə?
‾wɔt wud ju· sei tə ⸜li:viŋ it ət preznt?
‾dount let ə litl θiŋ laik ⌒ðæt wʌri ju·.

Expressions of Consent, Promise, Etc.

ˋai l teik it if juˑ ˊlaik.
wiˑ l gou təˋmɔrou if juˑ hæv nou əbˊdʒekʃn.
ai ⁻wount kʌm ˵tuː ɔːli, ai ˋprɔmis juˑ.
__if jɔˑr ə gud ˊbɔi, ju ʃl ˋhæv wʌn.
ai ˋprɔmis juˑ ʃaːnt ˊluːz bai it.
__ai m kwait wiliŋ tu ʌndəˊteik it.
ai ə⁻griː tə ˵duˑ it, ɔn ⁻wʌn kən˵diʃn.
⁻wil juˑ ə˵griː tuˑ it?
wiˑ wə ⁻kwait redi tuˑ ək˵sept ði ɔfə.
ai ⁻prɔmis tə luk ˊɑːftər im wail jɔˑr əwei.
__ai dount maind ˊraitiŋ tu im.
__wi ʃudnt maind kʌmiŋ ə litl ˊəːliə.

Expressions of Hope, Expectation, Etc.

__ai ˊhoup sou. *or* ai ˵houp sou.
ai ˵houp nɔt.
ai ˋhoup jɔːr inˊdʒɔiiŋ jəself.
ai ˵houpt ai ʃd ˋsiː sʌmθiŋ ɔv juˑ.
ai houp tə ˋsiː im təˊmɔrou.
wə ⁻juˑ houpiŋ tə get ə letə ðəs ˊmɔːniŋ?
ai ⁻houp iˑ wount bi ˵leit.
ai ⁻duː ˵houp it l bi ɔːlrait.
ai sin⁻siəli ˵houp sou.

Desideration. (*Affirmative.*)

ai ⁻wɔnt ˵ðæt wʌn.
ai ʃd ⁻laik ˵ðæt wʌn.
ai ⁻wiʃ fə ˵ðæt wʌn.
ai ⁻wɔnt tə ˵siː it.

METHODS OF EXPRESSION

aɪ ʃd ⁻laik tə ˎsiː it.
ai ⁻wiʃ tə ˎsiː it.
ai m ⁻æŋkʃəs tə ˎsiː it.
ai ⁻wɔnt juˈ tə ˎgou ðɛə.
ai ʃd ⁻laik juˈ tə ˎgou ðɛə.
ai ⁻wiʃ juˈ tə ˎgou ðɛə.
ai m ⁻æŋkʃəs fɔˈ juˈ tə ˎgou ðɛə.

DESIDERATION. (*Negative.*)

ai ⁻dount wɔnt ˡðæt wʌn.
ai ⁻ʃudnt laik ˡðæt wʌn.
ai ⁻dount wiʃ fə ˡðæt wʌn.
ai ⁻ʃudnt kɛə fə ˡðæt wʌn.
ai ⁻dount wɔnt tə ˡsiː it.
ai ⁻ʃudnt laik tə ˡsiː it.
ai ⁻dount wiʃ tə ˡsiː it.
ai m ⁻nɔt æŋkʃəs tə ˡsiː it.
ai ⁻ʃudnt kɛə tə ˡsiː it.
ai ⁻dount wɔnt juˈ tə ˡgou ðɛə.
ai ⁻ʃudnt laik juˈ tə ˡgou ðɛə.
ai ⁻dount wiʃ juˈ tə ˡgou ðɛə.
ai m ⁻nɔt æŋkʃəs fɔˈ juˈ tə ˡgou ðɛə.
ai ⁻ʃudnt kɛə fɔˈ juˈ tə ˡgou ðɛə.

DESIDERATION. (*Interrogative.*)

⁻də juˈ wɔnt ˊðæt wʌn?
⁻wud juˈ laik ˊðæt wʌn?
⁻wud juˈ kɛə fə ˊðæt wʌn?
⁻də juˈ wɔnt tə ˊsiː it?
⁻wud juˈ laik tə ˊsiː it?
⁻wud juˈ kɛə tə ˊsiː it?

‾ə juˑ æŋkʃəs tə ⸝siː it?
‾də juˑ wɔnt miˑ tə ⸝gou ðɛə?
‾wud juˑ laik miˑ tə ⸝gou ðɛə?
‾wud juˑ kɛə fɔˑ miˑ tə ⸝gou ðɛə?
‾ə juˑ æŋkʃəs fɔˑ miˑ tə ⸝gou ðɛə?

Exclamatory Desideration.

ai ⸜wiʃ hiˑ d ⸝kʌm (or ⸁kʌm)!
ai ⸜duː wiʃ juˑ d ⸝lisn (or ⸁lisn)!
ai ⸜wiʃ juˑ d ʃʌt ðæt ⸝dɔə (or ⸁dɔə)!
(‾ʃl ai ʃʌt ðæt ⸝dɔə?) ⸜jes, ai ⸜wiʃ juˑ ⸝wud!
ai ⸜wiʃ it wudnt ⸝rein (or ⸁rein)!
ai ⸜wiʃt hiˑ d ⸝teik it (or ⸁teik it).
ai ⸜wiʃ ai kəd spiːk əz wel əz ⸝juː duˑ (or ⸁juː duˑ)!
hi ⸜wiʃiz iˑ kəd biˑ ⸝hiə (or ⸁hiə).
⸜nou, ai ‾kɑːnt ⸜duˑ it. ai ‾wiʃ ai ⸜kud!
ai wiʃt ai hædnt ⸜gɔˑn!
ai ⸜wiʃ ai ⸝njuː (or ⸁njuː)!
ai ‾wiʃ ai ⸁njuː!
ai ‾duː wiʃ ai wə ⸁ðɛə!
ai wiʃ ai ⸜hæd tould im ⸝nau!

Intention, Decision, Etc.

Intention is generally expressed by the various forms set forth under the heading *Future Time*. In addition to these, we may note the following types of expression.

ai miːn tə gou ðɛə nekst ⸜jəː.
ai ⸁ment tə tel juˑ ðæt ⸜jestədi.
ai ‾didnt ⸁miːn tə spɔil it.
ai ‾didnt miːn ðæt fə ⸁juː, ai ment it fə sʌmbədi ⸜els.
ai ‾didnt miːn im tə kʌm sou ⸁əːli.

METHODS OF EXPRESSION

ai intend tə gou ðɛə nekst ˋjəː.
ai ⁻didnt intend im tə kʌm sou ˋəːlı.
ai ⁻hæd ði inˋtenʃn əv gouiŋ ðɛə ˎjestədi.
ai ⁻kɑnt disaid weðə tə gou ɔˈ ˎnɔt.
ai v ⁻meid ʌp mai maind tu əksept ˎðis wʌn.
ai v ə ⁻gud ˋmaind tə rait tuˈ im təˋnait.
ai v ⁻hɑːf ə ˋmaind nɔt tə ˋtel juˈ.
ai ⁻fiːl iŋˋklaind tə ˋgou ðɛə.
ai ⁻fiːl rɑːðər iŋˋklaind nɔt tə duˈ it əˋtɔːl.

OBLIGATION, NECESSITY, ETC., TO DO SOMETHING.

ai məs ˋgou ˊnau. ai ˋmʌst gou ˋnau.
ai v gɔt tə ˋgou ˊnau.
ai hæv tə ˋgou ðɛər ⁻evri ˎdei.
ai hæd tə gou ðɛər evri ˋdei __lɑːst ˊwiːk.
ai m tə ˋsiː im təˊmɔrou.
ai ˋwɔz tə ˋsiː im ˊjestədi.
hiˈ z ˋbaund tə siː it.
ai m əˋblaidʒd tə duˈ it.
ai ɔːt tə ˋgou ˊnau. ai ˋɔːt tə ˋgou ˋnau.
ai ˋʃud ˋgou nau (__bai ˋraits).
ai m səˋpouzd tə gou ˋnau.

OBLIGATION, NECESSITY, ETC., NOT TO DO SOMETHING.

ai mʌsnt ˋduː ˋðæt. ai mʌsnt ˋduː ˊðæt.
ai m ˋnɔt tə duː ˊðæt. ai m nɔt tə ˋduː ˊðæt.
ai ˋwɔznt tə duː ˊðæt. ai wɔznt tə ˋduː ˊðæt.
juˈ ˋɔːtnt tə duː ˊðæt.
juˈ ˋʃudnt duː ˊðæt.
ai m nɔt səpouzd tə ˋduː ˊðæt.
ai m nɔt əˋlaud tə duː ˊðæt.

Certainty.

ai ʃl ˋsəːtnli duˑ it.
ai m ˋsəːtn tə duˑ it.
ai m ˋʃɔː¹ tə duˑ it.
ai m ˋbaund tə duˑ it.
ai m ˋsəːtn ai ʃl duˑ it.
ai m ˋʃɔːr² ai ʃl duˑ it.
ai ˋnou ai ʃl duˑ it.
it s ⁻æbsəljuːtli ˋsəːtn.
ðə z ⁻nou ˋdaut əbaut it.
it ˋmʌst biˑ.
it ⁻kɑːnt biˑ ˋʌðəwaiz.
ðər ə ⁻nou tuː əˋpinjnz əbaut it.
it s ˋfækt.
juˑ mei teik it əz ən ⁻æbsəljuːt ˋfækt.
ðə z ⁻nou ˋkwestʃn əbaut it.

Possibility, Probability, Etc.

ˊpræps.
præps ˋsou.
præps iˑ ˋwil.
ˊpræps, —præps ˋnɔt.
ˊmeibiː.
hiˑ ˊmei biː.   hiˑ ᵕmei biː.
hiˑ ˊmait biː.   hiˑ ᵕmait biː.
⎯it s kwait ˊlaikli.   it s ⁻kwait ᵕlaikli.
ˊpɔsəbli.
ˊprɔbəbli.
it s kwait ˊpɔsəbl.   it s ⁻kwait ᵕpɔsəbl.
it s kwait ˊprɔbəbl.   it s ⁻kwait ᵕprɔbəbl.

¹ *or* ʃuə.   ² *or* ʃuər.

METHODS OF EXPRESSION 45

hiˑ z prɔbəbli ↘hiə.
_ai dɛə↗sei.
_ai ʃudnt biˑ sə↗praizd.
_ai ʃudnt biˑ ətɔːl sə↗praizd.

IMPOSSIBILITY.

it s ‾kwait im↘pɔsəbl!
it s ‾æbsəljuːtli im↘pɔsəbl.
it simpli ↘kɑːnt biˑ.
it ‾simpli ↘kɑːnt biˑ.
it simpli ↘kudnt biˑ.
it ‾simpli ↘kudnt biˑ.
ai ‾kɑːnt ↘duː it.
ai m ‾nɔt ↘eibl tə duˑ it.
it ‾kɑːnt bi ↘dʌn.
it ‾iznt ↘pɔsəbl.
ðə z nɔt ðə ‾feintist pɔsə↘biləti.
it s ‾aut əv ðə ↘kwestʃn.
ðæt s ‾ɑːskiŋ tuː ↘mʌtʃ.
ai ‾kudnt ↘pɔsəbli duˑ it.

IMPROBABILITY.

it s ‾moust im↘prɔbəbl!
it s ‾moust ʌn↘laikli!
ai ‾hɑːdli θiŋk it ↘pɔsəbl.
præps iˑ iznt ↘hiə.
hiˑ mei nɔt biˑ ↘hiə.
hiˑ mait nɔt biˑ ↘hiə.
hiˑ ‾iznt laikli tə biˑ ↷hiə.
hiˑ z ‾ʌnlaikli tə biˑ ↷hiə.

EVERYDAY SENTENCES

it ⁻iznt laikh̬ /hiˑ z ˬhiə.
it s ⁻ʌnlaikli /hiˑ z ˬhiə.
ai dɛəsei /hiˑ iznt ˎhiə.
ıt s pɔsəbl iˑ iznt ˎhiə.
hiˑ z prɔbəbli nɔt ˎhiə.

Expressions of Opinion, Belief, Disbelief, Doubt, Etc.

＿ai ʹθiŋk sou or ai ˬθiŋk sou.
＿ai dount ʹθiŋk sou or ai ⁻dount ˬθiŋk sou.
ai θiŋk iˑ l kʌm təˎmɔrou or ai ˬθiŋk....
ai ⁻dount ˬθiŋk iˑ l kʌm təmɔrou.
ai θɔːt iˑ wəz ˎhiə.
ai ⁻didnt ˬθiŋk iˑ wəz hiə.
＿ai biʹliːv sou or ai biˬliːv sou.
＿ai dount biʹliːv sou or ai ⁻dount biˬliːv sou.
ai biliːv iˑ z kʌmiŋ ˎbæk.
ai dount biliːv iˑ z kʌmiŋ ˎbæk.
＿ai ikʹspekt sou or ai ikˬspekt sou.
＿ai dount ikʹspekt sou or ai ⁻dount ikˬspekt sou.
ai ikspekt iˑ l kʌm təˎmɔrou.
ðæt s dʒʌst wɔt ai ikˎspektid iˑ d duː.
ai hɑːdli ikˎspektid iˑ d kʌm.
＿ai səʹpouz sou or ai səˬpouz sou.
＿ai dount səʹpouz sou or ai ⁻dount səˬpouz sou.
ai səpouz iˑ z tuː ˎbizi.
＿ai dount səpouz ðə l biˑ eni mɔː trʌbl ʹnau.
＿ai ʹfænsi sou or ai ˬfænsi sou.
＿ai dount ʹfænsi sou or ai ⁻dount ˬfænsi sou.
ai ˬfænsi it s gouiŋ tə ˎrein.
hiˑ ˬrɑːðə fænsid ai wəz gouiŋ tə ˎstei.
＿ai dɛəsei it l beː ɔːlʹrait.
ai ˬdaut weðər iˑ l ˎkʌm ʹnau.

METHODS OF EXPRESSION 47

Disbelief, Incredulity, Etc.

ai ⁻dount bə↘liːv it.
ai ⁻kɑːnt bə↘liːv it.
⁻it ↘kɑːnt biˑ truː.
juˑ ⁻riəli kɑːnt ikspekt miˑ tə bəliːv ↘ðæt.
ai ⁻hævnt eni ↘feiθ in it.
↘ʃɔːli[1] juˑ dount θiŋk ai m gouiŋ tə bəliːv ↗ðæt!
ai ↘daut it.
ai ⁻veri mʌtʃ ↘daut it.
⁻ai ↘dount θiŋk sou.
it s im⁻pɔsəbl fɔˑ mi tə bə↘liːv it.
it s ⁻moust ʌn↘laikli.
⁻ai m ↘ʃɔːr[2] it iznt ðə keis.

Condition, Supposition, Etc.

if ai gou tə bed ↗əːli, ai get ʌp əːli ðə nekst ↘dei.
ənles ai gou tə bed ↗əːli, ai dount get ʌp əːli ðə nekst ↘dei.
if ai ˈgou tə bed ↗əːli, ai ʃl get ʌp əːli tə↘mɔrou.
ənles ai gou tə bed ↗əːli, ai ʃɑːnt get ʌp əːli tə↘mɔrou.
if ai went tə bed ↗əːli, ai ʃəd get ʌp əːli tə↘mɔrou.
səpouziŋ ai went tə bed ↗əːli, ai ʃəd get ʌp əːli tə↘mɔrou.
ənles ai went tə bed ↗əːli, ai ʃudnt get ʌp əːli tə↘mɔrou.
if ai wə tə gou tə bed ↗əːli, ai ʃəd get ʌp əːli tə↘mɔrou.
səpouziŋ ai wə tə gou tə bed ↗əːli, ai ʃəd get ʌp əːli tə↘mɔrou.
⁻hau wːud it biˑ if juˑ wə tə ↘rait tuˑ im?
if juˑ ʃəd (hæpn tə) miːt im tə↗mɔrou, __wil ⁻juː tel im tə kʌm ən ↗siː miˑ?
if ai ʃəd (hæpn tə) faind it ↗leitə, __ai ʃəl let juˑ ↘hæv it.
if juˑ d (biˑ gud ənʌf tə) ↗lend mi ðə buk, __ai d ↘riːd it.
əz lɔŋ əz juˑ duˑ it ↗sʌm taim, __ai dount maind ↘wen juˑ duˑ it.

[1] or ↘ʃuəli.   [2] or ↘ʃuər.

48   EVERYDAY SENTENCES

To Ask Whether Something will take Place in the
Future.

ʃl ⁻juː ⸝teik it?   ⁻ʃɑːnt juˑ ⸝teik it?
ʃl ⁻juː bi ⸝teikiŋ it?   ⁻ʃɑːnt juˑ biˑ ⸝teikiŋ it?
ə ⁻juː gouiŋ tə ⸝teik it?   ⁻ɑːnt juˑ gouiŋ tə ⸝teik it?
ə ⁻juː ⸝gouiŋ ðɛə təmɔrou?   ⁻ɑːnt juˑ ⸝gouiŋ ðɛə təmɔrou?
də ⁻juː stɑːt tə⸝mɔrou?   ⁻dount juː stɑːt tə⸝mɔrou?
ə ⁻juː dʒʌst gouiŋ tə ⸝teik it? ⁻ɑːnt juˑ dʒʌst gouiŋ tə ⸝teik it?
ʃl ⁻juː əv ⸝teikn it bai ðen?   ⁻ʃɑːnt juˑ əv ⸝teikn it bai ðen?
ʃl ⁻juː əv biˑn steiiŋ hiə fə   ⁻ʃɑːnt juˑ əv biˑn steiiŋ hiə fə
   θriː ⸝wiːks?   θriː ⸝wiːks?
wil ⁻iˑ ⸝teik it?   ⁻wount iˑ ⸝teik it?
wil ⁻iˑ biˑ ⸝teikiŋ it?   ⁻wount iˑ biˑ ⸝teikiŋ it?
iz ⁻iˑ gouiŋ tə ⸝teik it?   ⁻iznt iˑ gouiŋ tə ⸝teik it?
iz ⁻iˑ gouiŋ ðɛə tə⸝mɔrou?   ⁻iznt iˑ ⸝gouiŋ ðɛə təmɔrou?
dəz ⁻iˑ stɑːt tə⸝mɔrou?   ⁻dʌznt iˑ stɑːt tə⸝mɔrou?
iz ⁻iˑ dʒʌst gouiŋ tə ⸝teik it? ⁻iznt iˑ dʒʌst gouiŋ tə ⸝teik it?
⁻wil iˑ əv ⸝teikn it bai ðen?   ⁻wount iˑ əv ⸝teikn it bai ðen?
⁻wil iˑ əv biˑn steiiŋ hiə fə   ⁻wount iˑ əv biˑn steiiŋ hiə fə
   θriː ⸝wiːks?   θriː ⸝wiːks?

To State that Something will take Place in
the Future.

ai ʃl \teik it.
ai ʃl biˑ \teikiŋ it.
ai l \teik it.
ai m gouiŋ tə \teik it.
ai m \gouiŋ ðɛə tə⸝mɔrou.
ai ⁻stɑːt tə⸝mɔrou.
ai m ⁻dʒʌst gouiŋ tə \teik it.
ai ʃl əv \teikn it bai ⸝ðen.

METHODS OF EXPRESSION 49

ai ʃl əv bin steiiŋ hiə fə θriː ˎwiːks.
hiˑ l ˋteik it.
hiˑ l biˑ ˋteikiŋ it.
hiˑ z gouiŋ tə ˋteik it.
hiˑ z ˋgouiŋ ðɛə təˊmɔrou.
hi ⁻staːts təˎmɔrou.
hiˑ z ⁻dʒʌst gouiŋ tə ˎteik it.
hiˑ l əv ˋteikn it bai ˊðen.
hiˑ l əv bin steiiŋ hiə fə θriː ˎwiːks.

To State that Something will not take Place in the Future.

ai ⁻ʃaːnt ˎteik it.
ai ⁻ʃaːnt bi ˎteikiŋ it.
ai ⁻wount ˎteik it.
ai m ⁻nɔt gouiŋ tə ˎteik it.
ai m ⁻nɔt ˎgouiŋ ðɛə təˊmɔrou.
ai ⁻dount ˎgou ðɛə təˊmɔrou.
ai ⁻ʃaːnt əv ˎteikn it bai ˊðen.
hiˑ ⁻wount ˎteik it.
hiˑ ⁻wount biˑ ˎteikiŋ it.
hiˑ ⁻iznt gouiŋ tə ˎteik it.
hiˑ ⁻iznt ˎgouiŋ ðɛə təˊmɔrou.
hiˑ ⁻dʌznt ˎgou ðɛə təˊmɔrou.
hi ⁻wount əv ˎteikn it bai ˊðen.

Expressing Anterior Duration.

⁻hau lɔŋ əv juˑ biˑn ˎhiə?
həv ⁻juˑ biˑn hiə ˊlɔŋ?
⁻hau lɔŋ əv juˑ biˑn duˑiŋ ˎðæt?
ai ˋhoup juˑ hævnt biˑn weitiŋ ˊlɔŋ.

ai v biˑn hiə θriː ˎwiːks.
⌐ai v biˑn hiə kwait ə lɔŋ ˎtaim.
⌐ai v biˑn duˑiŋ ðis fə sʌm ˎtaim.
⌐ai v biˑn weitiŋ fɔˑ juˑ θriː ˎauəz.
⌐ai v biˑn weitiŋ fɔˑ juˑ sins wʌn əˎklɔk.
⌐ai v biˑn duˑiŋ ðis sɔːt əv θiŋ fə ðə laːst θriː ˎwiːks.
ai ⌐hævnt siːn im fər ə ˎlɔŋ taim.
⌐it mʌst biˑ kwait ə ˎjəː sins ai sɔː im ʃlaːst.
⌐it ˋdʌz siːm ə lɔŋ taim sins juˑ wə hiə laːst.

Part IV.

(*A series of Tables by means of which many thousands of simple and current English sentences may be composed with the minimum of conscious effort.*)

In these tables the possibilities of tone-variation are so great that it has been considered advisable to omit the specific tone-marks. The sign ['] generally indicates the syllables on which the "nucleus-tones" [↘, ↗, ↓, ↑, ↘, ↙] should be placed.

TABLE IA.

Useful selection of 250 verbs and verb-compounds which may be combined with any appropriate infinitives followed by any appropriate complements. A selection of these is given in Table IB.

Tables IA and IB, therefore, when placed side by side, constitute a 2-column Substitution Table[1] producing nearly 20,000 everyday sentences.

Notes.

1. [tə] is replaced by [tu] when the following word begins with a vowel. *Ex.*—[ai wɔnt tə 'gou], but [ai wɔnt tu 'ɑːsk].

2. The sign [*] means that [r] is added when the following word begins with a vowel. *Ex.*—[ai d betə 'gou] but [ai d betər 'ɑːsk].

3. Forms 27 to 36 are never followed by [biˑ]. *Ex.*—Such combinations as [ai duː biˑ hiə] are not used.

[1] See my "100 Substitution Tables" by the same publisher.

EVERYDAY SENTENCES

4. Forms 113 to 132 are not generally followed by [gou] or [kʌm]. *Ex.*—Such combinations as [ai m gouiŋ tə gou] are better avoided.

1. ai ʃl...
2. ai ʃɑːnt...
3. ʃl ai...
4. ʃl iˑ...
5. ai l...
6. juˑ l...
7. hiˑ l...
8. ai wount...
9. juˑ wount...
10. hiˑ wount...
11. wil juˑ...
12. wil iˑ...
13. wount juˑ
    (*or* wountʃuˑ)...
14. wount iˑ...
15. ai ʃəd...
16. ai ʃudnt...
17. ai d...
18. juˑ d...
19. hiˑ d...
20. ai wudnt...
21. juˑ wudnt...
22. hiˑ wudnt...
23. wud juˑ
    (*or* wudʒuˑ)...
24. wud iˑ...
25. wudnt juˑ
    (*or* wudntʃuˑ)...
26. wudnt iˑ...
27. ai ˈduː...
28. ai dount...
29. hiˑ ˈdʌz...
30. hiˑ dʌznt...
31. də juˑ...
32. dount juˑ
    (*or* dountʃuˑ)...
33. ai ˈdid...
34. ai didnt...
35. did juˑ
    (*or* didʒuˑ)...
36. didnt juˑ
    (*or* didntʃuˑ)...
37. ˈduː...
38. dount...
39. ˈdount ˈjuː
    (*or* ˈdounˈtʃuː)...
40. ai kən (*or* ai kn)...
41. ai kɑːnt...
42. kən juˑ (*or* knjuˑ)...
43. kɑːnt juˑ (*or* kɑːntʃuˑ)...
44. ai kəd (*or* aikt)...
45. ai kudnt...
46. kud juˑ (*or* kədʒuˑ)...
47. kudnt juˑ
    (*or* kudntʃuˑ)...
48. ai mei...
49. ai mei nɔt
    (*or* ai meint)...

TABLES

50. ai mait…
51. ai maitnt
    (or ai mait nɔt)…
52. ai ms…
53. ai mʌsnt…
54. ai ɔːt tə…
55. ai ɔːtnt tə (or ai ɔːtntə,
    or ai ɔːt nɔt tə)…
56. ɔːt juˑ tə…
57. ɔːtnt juˑ tə
    (or ɔːtntʃuˑ tə)…
58. ai niːdnt…
59. niːd juˑ…
60. ai dɛənt…
61. ai juːst tə
    (or ai juːstə)…
62. ai juːst nɔt tə
    (or ai juːsnt tə,
    or ai juːsntə)[1]…
63. juːsnt juˑ tə[2]
    (or juːst juˑ nɔt tə[2])…
64. didnt juˑ juːs tə[3]…
65. ai d betə*…
66. ai d betə nɔt…
67. hædnt juˑ betə*
    (or hædntʃuˑ betə*)…
68. ai d rɑːðə*…
69. ai d rɑːðə nɔt…
70. wudnt juˑ rɑːðə*
    (or wudntʃuˑ rɑːðə*)…

71. ai m tə…
72. jɔˑ tə…
73. hiˑ z tə…
74. ai m nɔt tə…
75. jɔˑ nɔt tə…
76. hiˑ iznt tə
    (or hiˑ z nɔt tə)…
77. æm ai tə
    (or əm ai tə)…
78. ɑː juˑ tə (or ə juˑ tə)…
79. iz iˑ tə…
80. ai hæv tə…
81. hiˑ hæz tə…
82. ai hævnt tə…
83. hiˑ hæznt tə…
84. hæv juˑ tə…
85. hævnt juˑ tə
    (or hævntʃuˑ tə)…
86. hæz iˑ tə…
87. hæznt iˑ tə…
88. ai dount hæv tə…
89. hi dʌznt hæv tə…
90. də juˑ hæv tə…
91. dount juˑ hæv tə
    (or dountʃuˑ hæv tə)…
92. dəz iˑ hæv tə…
93. dʌznt iˑ hæv tə…
94. ai v gɔt tə…
95. hiˑ z gɔt tə…
96. ai hævnt gɔt tə…

[1] [ai didnt juːs tə] is also extensively used.
[2] Each of these forms is consided by some speakers to be too pedantic.
[3] This form is considered by some speakers to be inelegant.

54 EVERYDAY SENTENCES

97. hiˑ hæznt gɔt tə...
98. hᵊv juˑ gɔt tə
    (or hæv juˑ gɔt tə)...
99. hævnt juˑ gɔt tə
    (or hævntʃuˑ gɔt tə)...
100. hᵊz iˑ gɔt tə
    (or hæz iˑ gɔt tə)...
101. hæznt iˑ gɔt tə...
102. ai hæd tə...
103. ai hædnt tə...
104. hᵊd juˑ tə
    (or hæd juˑ tə)...
105. hædnt juˑ tə
    (or hædntʃuˑ tə)...
106. ai didnt hæv tə...
107. did juˑ hæv tə...
108. didnt juˑ hæv tə
    (or didntʃuˑ hæv tə)...
109. ai d gɔt tə...
110. ai hædnt gɔt tə...
111. hᵊd juˑ gɔt tə
    (or hæd juˑ gɔt tə)
112. hædnt juˑ gɔt tə
    (or hædntʃuˑ gɔt tə ...
113. ai m gouiŋ tə...
114. jɔˑ gouiŋ tə...
115. hiˑ z gouiŋ tə...
116. ai m nɔt gouiŋ tə...
117. jɔˑ nɔt gouiŋ tə...
118. hiˑ iznt gouiŋ tə...
119. ᵊ juˑ gouiŋ tə...
120. ɑːnt juˑ gouiŋ tə
    (or ɑːntʃuˑ gouiŋ tə)...
121. iz iˑ gouiŋ tə...
122. iznt iˑ gouiŋ tə...
123. ai wəz gouiŋ tə...
124. juˑ wə gouiŋ tə...
125. hiˑ wəz gouiŋ tə...
126. ai wɔznt gouiŋ tə...
127. juˑ wəːnt gouiŋ tə...
128. hiˑ wɔznt gouiŋ tə...
129. wə juˑ gouiŋ tə...
130. wəːnt juˑ gouiŋ tə
    or wəːntʃuˑ gouiŋ tə)...
131. wəz iˑ gouiŋ tə...
132. wɔznt iˑ gouiŋ tə...
133. ai ʃəd laik tə...
134. ai ʃudnt laik tə...
135. ai d laik tə...
136. ai wudnt laik tə...
137. juˑ d laik tə...
138. juˑ wudnt laik tə...
139. hiˑ d laik tə...
140. hiˑ wudnt laik tə...
141. wud juˑ laik tə
    (or wudʒuˑ laik tə)...
142. wudnt juˑ laik tə...
143. wud iˑ laik tə...
144. wudnt iˑ laik tə...
145. ai ʃudnt kɛə tə...
146. wud juˑ kɛə tə...
147. wudnt juˑ kɛə tə...
148. ai v ə gud maind tə...
149. ai v ə gud maind nɔt tə...
150. ai wiʃ iˑ d...

TABLES

151. ai wiʃ iˑ wudnt...
152. ai wiʃ ai kəd...
153. ai wɔnt tə...
154. ai dount wɔnt tə...
155. də juˑ wɔnt tə...
156. ai wɔntid tə...
157. ai didnt wɔnt tə...
158. did juˑ wɔnt tə...
159. ai houp tə...
160. ai ikspekt tə...
161. ai ikspektid tə...
162. ai miːn tə...
163. ai ment tə...
164. ai fəget tə...
165. ai fəgɔt tə...
166. ai trai tə...
167. ai traid tə...
168. ai bigin tə...
169. ai bigæn tə...
170. ai m biginiŋ tə...
171. ai wəz biginiŋ tə...
172. ai əgriː tə...
173. ai əgriːd tə...
174. ai m əblaidʒd tə...
175. ai m nɔt əblaidʒd tə...
176. ai m wiliŋ tə...
177. ai m nɔt wiliŋ tə...
178. ai m səpouzd tə...
179. ai m nɔt səpouzd tə...
180. ai m səpouzd nɔt tə...
181. ai m əlaud tə...
182. ai m nɔt əlaud tə...
183. ai m aːst tə...
184. ai m nɔt aːst tə...
185. ai m aːst nɔt tə...
186. ai m laikli tə...
187. ai m nɔt laikli tə...
188. ai m ʌnlaikli tə...
189. ai m ʃɔː[1] tə...
190. ai m ʃɔː[1] nɔt tə...
191. ai m baund tə...
192. ai m nɔt baund tə...
193. ai m baund nɔt tə...
194. ai m eibl tə...
195. ai m nɔt eibl tə...
196. ai m tould tə...
197. ai m tould nɔt tə...
198. ai m in ə hʌri tə...
199. it s nesisri (fə miˑ) tə[2]...[3]
200. it iznt nesisri (fə miˑ) tə[2]...
201. it s pɔsəbl (fə miˑ) tə[2]...
202. it iznt pɔsəbl (fə miˑ) tə[2]...
203. it s impɔsəbl (fə miˑ) tə[2]...
204. it s difiklt (fə miˑ) tə[2]...
205. it s iːzi (fə miˑ) tə[2]...

[1] *or* ʃuə.
[2] *Alternative forms:* ai faind it nesisri tə, ai dount faind it nesisri tə, etc.
[3] [fə miˑ] may in all cases be replaced by [fɔˑ miˑ].

206. it s betə (fə mi·) tə²...
207. it əd bi· betə (fə mi·) tə...
208. it əd bi· betə (fə mi·) nɔt tə...
209. it s rait (fə mi·) tə...
210. it iznt rait (fə mi·) tə...
211. it wudnt bi· rait (fə mi·) tə...
212. it s rɔŋ (fə mi·) tə...
213. it s juːsfl (fə mi·) tə²...
214. it s juːslis (fə mi·) tə²...
215. it s taim (fə mi·) tə...
216. ðə z nou niːd (fə mi·) tə...
217. ai ɑːsk im tə...
218. ai dount ɑːsk im tə...
219. ai ɑːsk im nɔt tə...
220. ai əlau im tə...
221. ai dount əlau im tə...
222. ai tel im tə...
223. ai dount tel im tə
224. ai tel im nɔt tə...
225. ai wɔnt im tə...
226. ai dount wɔnt im tə...
227. ai laik im tə...
228. ai ʃəd laik im tə...
229. ai ʃudnt laik im tə...
230. ai prifəːr im tə...
231. ai wiʃ im tə...
232. ai dount wiʃ im tə...
233. ai get im tə...
234. ai dount kɛə (fɔ·r im) tə...
235. ai let im...
236. ai dount let im...
237. ai meik im...
238. 'maind ju·...
239. 'maind ju· dount...
240. teik kɛə nɔt tə...
241. dount fəget tə...
242. duː trai tə...
243. duː trai nɔt tə...
244. ju· mait dʒʌst...
245. let s...
246. dount let s...
247. ai duː ðæt sou z tə...
248. ai duː ðæt sou z nɔt tə...
249. ai duː ðæt sou ðət ai kən...
250. ai kɑːnt əfɔːd tə...

[2] *Alternative forms:* ai faind it nesisri tə, ai dount faind it nesisri tə, etc.

TABLE 1B.

Selection of 80 useful infinitives with appropriate complements. Any of these may be preceded by any of the 250 expressions given in Table 1A, and the resultant combination will always be grammatical and, in most cases, a real English sentence.

Note that most of the expressions contained in Table 1B may be used as imperatives, either exactly as they stand, prefixed by [pliːz] or [dʒʌst], or followed by [pliːz].

1. ...gou tə ðə ˈsteiʃn.
2. ...kʌm ˈhiə*.
3. ...ˈteik it.
4. ...ˈweit fɔːr it.
5. ...ˈstei ðɛə*.
6. ...rait ə ˈletə*.
7. ...riːd ə ˈbuk.
8. ...spiːk ˈiŋgliʃ.
9. ...get ˈʌp.
10. ...biˑ ˈhiə*.
11. ...duː ðə seim ˈθiŋ.
12. ...ˈgiv it tuː im.
13. ...ˈluk æt ðəm.
14. ...put it ˈhiə*.
15. ...sei ˈðæt.
16. ...ˈtel im.
17. ...ˈsiː it.
18. ...fəget ˈevriθiŋ.
19. ...ˈhæv wʌn.
20. ...ˈθiŋk sou.
21. ...nou ˈwai.
22. ...get it.
23. ...ˈluk fɔˑ ðem.
24. ...ˈθiŋk əbaut it.
25. ...ʌndəˈstænd it.
26. ...ˈwɔnt ðəm.
27. ...briŋ it ˈhiə*.
28. ...ˈmiːt im.
29. ...ˈsend it tuˑ im.
30. ...riˈmembər it.
31. ...ˈɑːnsər it.
32. ...ˈɑːsk fɔˑr it.
33. ...ɑːsk ə ˈkwestʃən.
34. ...faind əˈnʌðə*.
35. ...ˈluːz wʌn ɔv ðəm.
36. ...ˈʃou it tuˑ im.
37. ...ˈθæŋk im fɔˑr it.
38. ...bigin ði ˈʌðə*.
39. ...hiə ðə ˈdifrəns.
40. ...liːv it ˈhiə*.
41. ...oupn ðə ˈdɔːə*.
42. ...ʃʌt ðə ˈwindou.
43. ...sit ˈdaun.
44. ...wəːk əˈloun.

EVERYDAY SENTENCES

45. ...bai 'ðæt wʌn.
46. ...fiːl ðə 'difrəns.
47. ...finiʃ ðə fəːst 'paːt.
48. ...'help im wið it.
49. ...ləːn ðə 'miːniŋ.
50. ...prə'nauns it prɔpəli.
51. ...'sel im wʌn.
52. ...trai it ə'gein.
53. ...'kɔːl im.
54. ...'kɔːl ɔn im.
55. ...iks'plein it tuˑ im.
56. ...'fɔlou im.
57. ...'kiːp wʌn ɔv ðəm.
58. ...'lisn tuˑ ðəm.
59. ...meik ə mis'teik.
60. ...'pei fɔˑ ðəm.
61. ...traːnsleit it intu 'iŋgliʃ
62. ...'juːz ðəm.
63. ...ə'reindʒ ðə mætə*.
64. ...tʃeindʒ ðə tuː 'buks.
65. ...lend im tuː ə θriː 'mɔə*.
66. ...staːt ət 'wʌns.
67. ...'stɔp ðəm.
68. ...'hould it ə minit.
69. ...'liv ðɛə*.
70. ...'tɔːk tuˑ im.
71. ...'breik it.
72. ...'bəːn ðəm.
73. ...kʌt it 'ɔːf.
74. ...'wɔːk ðɛə*.
75. ...'tʃuːz ðəm.
76. ...'fetʃ im wʌn.
77. ...fil it wið 'wɔːtə*.
78. ...'spɔil it.
79. ...bi'liːv it.
80. ...get it 'dʌn.

TABLE 2A.

Useful selection of 104 verbs and verb-compounds which may be combined with any appropriate verb in the -ing-form followed by any appropriate complements. A selection of these is given in Table 2B.

Tables 2A and 2B, therefore, when placed side by side, constitute a 2-column Substitution Table producing over 7000 everyday sentences.

TABLES

Notes

1. The sign [*] means that [r] is added when the following word begins with a vowel.

2. Forms 1 to 20 are rarely or never followed by such verbs as [biː], [siː], [hiə*], [nou], [ʌndəstænd], [faind].

3. Verbs expressing the beginning, continuation and end of an action (*e.g.* bigin, staːt, gou ɔn, kiːp ɔn, stɔp, finiʃ) rarely combine well with verbs of a similar nature (*e.g.* ai bigin bigininŋ it; ai gou ɔn staːtiŋ, *etc.*).

1. ai m...
2. ai m nɔt...
3. jɔˑ*...
4. jɔˑ nɔt...
5. ə juˑ (*or* aː juˑ)...
6. aːnt juˑ (*or* aːntʃuˑ)...
7. hiˑ z...
8. hiˑ iznt (*or* hiˑ z nɔt)...
9. iznt iˑ...
10. wi ə*...
11. wi ə nɔt...
12. aːnt wi...
13. ðɛ ə*...
14. ðɛ ə nɔt...
15. aːnt ðei...
16. ai wəz...
17. ai wɔznt...
18. juˑ wə*...
19. juˑ wəːnt...
20. wəːnt juˑ (*or* wəːntʃuˑ)...
21. ai ʃl biˑ...
22. ai ʃaːnt biˑ...
23. juˑ l biˑ...
24. juˑ wount biˑ...
25. ʃəl juˑ biˑ...
26. ʃaːnt ju biˑ (*or* ʃaːntʃuˑ bi)...
27. ai ʃəd biˑ...
28. ai ʃudnt biˑ...
29. juˑ d biˑ...
30. juˑ wudnt biˑ...
31. ai mei biˑ...
32. ai mei nɔt biˑ...
33. ai ms biˑ... (and other compounds of the verb *to be*).
34. ai əvɔid...
35. ai əvɔidid...
36. ai put ɔːf...
37. ai gou ɔn[1]...
38. ai went ɔn[1]...
39. ai kiːp...

[1] Avoid combining these with [gouiŋ] and [kʌmiŋ].

EVERYDAY SENTENCES

40. ai kept...
41. ai kiːp ɔn...
42. ai kept ɔn...
43. ai stɔp...
44. ai stɔpt...
45. ai liːv ɔːf...
46. ai left ɔːf...
47. ai finiʃ...
48. ai finiʃt...
49. ai giv ʌp...
50. ai ɡeiv ʌp...
51. ai dount maind...
52. ai didnt maind...
53. ai ʃudnt maind...
54. wud juˑ maind...
55. wud iˑ maind...
56. ai dount fænsi...
57. ai didnt fænsi...
58. ai kɑːnt help...
59. ai kudnt help...
60. ai v dʌn...
61. ai stɑːt...
62. ai stɑːtid...
63. ai biɡin...
64. ai biɡæn...
65. ai laik...
66. ai didnt laik...
67. ai dislaik...
68. ai dislaikt...
69. ai heit...
70. ai heitid...
71. ai ditest...
72. ai ditestid...
73. ai indʒɔi...
74. ai indʒɔid...
75. ai lʌv...
76. ai lʌvd...
77. ai prifəː*...
78. ai prifəːd...
79. it iznt wəːθ wail (mai)[2]...
80. it wɔznt wəːθ wail (mai)...
81. it s nou juːs (mai)...
82. it wəz nou juːs (mai)...
83. it iznt mʌtʃ juːs (mai)...
84. it wɔznt mʌtʃ juːs (mai)...
85. it s nou ɡud (mai)...
86. it wəz nou ɡud (mai)...
87. it iznt mʌtʃ ɡud (mai)...
88. it wɔznt mʌtʃ ɡud (mai)...
89. ai kɑːnt bɛə*...
90. ikskjuːz mai...
91. ai m səpraizd ət jɔˑ*[3]...
92. ai wʌndər ət jɔˑ*...
93. ai biɡæn bai...
94. ai θæŋkt im fə*...
95. ai wəz priventid frəm...
96. hiˑ pəsists in...

[2] In all these cases [mai] may be replaced by [jɔˑ] and any other possessive words.

[3] [jɔˑ], [mai], etc., may be replaced by any other possessive word.

TABLES

97. ai dount laik ði aidiə
    əv...
98. ai didnt θiŋk əv...
99. ʃiˈ z fɔnd əv...
100. ai rilai ɔn jɔˈ*[3]...

101. iz ðər eni əbdʒekʃn tə[4] mai...
102. ai m juːst tə[4]...
103. ai m nɔt juːst tə[4]...
104. ai kɑːnt get juːst tə[4]..

TABLE 2B.

Selection of 70 useful verbs in the *ing-form* with appropriate complements. Any of these may be preceded by any of the 104 verbs and verb compounds given in Table 2A, and the resultant combination will always be grammatical and, in most cases, a real English sentence.

1. ...ˈgouiŋ ðɛə*.
2. ...kʌmiŋ ˈhiə*.
3. ...ˈteikiŋ it.
4. ...ˈweitiŋ fɔˈr it.
5. ...ˈsteiiŋ ðɛə.
6. ...ˈraitiŋ it.
7. ...ˈriːdiŋ ðəm.
8. ...spiːkiŋ ˈiŋgliʃ.
9. ...getiŋ ˈʌp.
10. ...biˈiŋ ˈhiə.*
11. ...duˈiŋ ðə seim ˈθiŋ.
12. ...ˈgiviŋ it tuˈ im.
13. ˈlukiŋ æt ðəm.
14. ...putiŋ it ˈhiə*.
15. ...seiiŋ ˈðæt.
16. ...ˈteliŋ im.
17. ...ˈsiːiŋ it.
18. ...ˈgetiŋ ðəm.
19. ...ˈlukiŋ fɔˈ ðəm.
20. ...ˈθiŋkiŋ əbaut it.
21. ...briŋiŋ it ˈhiə*.
22. ...ˈmiːtiŋ im.
23. ...ˈsendiŋ it tuˈ im.
24. ...ˈɑːnsəriŋ ðəm.
25. ...ɑːskiŋ ˈkwestʃənz.
26. ...ˈfaindiŋ wʌn.
27. ...ˈluːziŋ ðəm.
28. ...ˈʃouiŋ ðəm tuˈ im.
29. ...ˈθæŋkiŋ im.
30. ...biˈginiŋ it.

[3] [jɔˈ], [mai], etc., may be replaced by any other possessive word.

[4] [tə] is replaced by [tu] when the following word begins with a vowel.

EVERYDAY SENTENCES

31. ...ˈhiəriŋ it.
32. ...liːviŋ it ˈhiə*.
33. ...ˈoupniŋ ðəm.
34. ...ˈʃʌtiŋ ðəm.
35. ...sitiŋ ˈdaun.
36. ...ˈwɔːkiŋ æt it.
37. ...ˈbaiiŋ ðəm.
38. ...ˈfiniʃiŋ it.
39. ...ˈhelpiŋ im.
40. ...ˈləːniŋ ðəm.
41. ...prənaunsiŋ it ˈprɔpəli.
42. ...ˈseliŋ ðəm.
43. ...ˈtraiiŋ it.
44. ...ˈkɔːliŋ im.
45. ...ˈkɔːliŋ ɔn im.
46. ...ikˈspleiniŋ it tuˑ im.
47. ...ˈfɔlouiŋ im.
48. ...ˈkiːpiŋ ðəm.
49. ...ˈlisniŋ tuˑ it.
50. ...ˈmeikiŋ it.

51. ...ˈpeiiŋ fɔˑ ðəm.
52. ...traːnsˈleitiŋ it.
53. ...ˈjuːziŋ ðəm.
54. ...əˈreindʒiŋ ðəm.
55. ...ˈtʃeindʒiŋ ðəm.
56. ...ˈlendiŋ ðəm tu im.
57. ...staːtiŋ sou ˈəːli.
58. ...ˈstɔpiŋ ðəm.
59. ...ˈhouldiŋ ðəm.
60. ...ˈliviŋ ðɛə.*
61. ...ˈtɔːkiŋ tuˑ im.
62. ...ˈbreikiŋ it.
63. ...ˈbəːniŋ ðəm.
64. ...ˈkʌtiŋ it.
65. ...ˈwɔːkiŋ ðɛə.*
66. ...ˈtʃuːziŋ ðəm.
67. ...ˈfetʃiŋ it.
68. ...ˈfiliŋ ðəm.
69. ...ˈspɔiliŋ it.
70. ...getiŋ ðəm ˈdʌn.

Milton Keynes UK
Ingram Content Group UK Ltd.
UKHW041221200324
439609UK00002B/20